A Constituição Canônica e os Direitos Humanos Fundamentais

CB126177

A Constituição Canônica e os Direitos Humanos Fundamentais

UMA TEORIA DA CONSTITUIÇÃO

2021

Maria Garcia

ALMEDINA

A CONSTITUIÇÃO CANÔNICA E OS DIREITOS HUMANOS FUNDAMENTAIS
UMA TEORIA DA CONSTITUIÇÃO
© Almedina, 2021
AUTOR: Maria Garcia

DIRETOR ALMEDINA BRASIL: Rodrigo Mentz
EDITORA JURÍDICA: Manuella Santos de Castro
EDITOR DE DESENVOLVIMENTO: Aurélio Cesar Nogueira
ASSISTENTES EDITORIAIS: Isabela Leite e Larissa Nogueira

DIAGRAMAÇÃO: Almedina
DESIGN DE CAPA: FBA

ISBN: 9786556272467
Julho, 2021

Dados Internacionais de Catalogação na Publicação (CIP)
(Câmara Brasileira do Livro, SP, Brasil)

Garcia, Maria
A constituição canônica e os direitos humanos fundamentais: uma teoria da constituição / Maria Garcia. -- 1. ed. -- São Paulo : Almedina, 2021.

Bibliografia.
978-65-5627-246-7

Índice:
1. Direito canônico 2. Direito fundamental 3. Poder constituinte 4. Teologia I. Título.

21-64297 CDD-262.9

Índices para catálogo sistemático:
1. Direito e teologia 262.9
Maria Alice Ferreira - Bibliotecária - CRB-8/7964

Este livro segue as regras do novo Acordo Ortográfico da Língua Portuguesa (1990).

Todos os direitos reservados. Nenhuma parte deste livro, protegido por copyright, pode ser reproduzida, armazenada ou transmitida de alguma forma ou por algum meio, seja eletrônico ou mecânico, inclusive fotocópia, gravação ou qualquer sistema de armazenagem de informações, sem a permissão expressa e por escrito da editora.

EDITORA: Almedina Brasil
Rua José Maria Lisboa, 860, Conj.131 e 132, Jardim Paulista | 01423-001 São Paulo | Brasil
editora@almedina.com.br
www.almedina.com.br

NOTA DA AUTORA

A Constituição, ordem jurídica fundamental de um país, pode ser visualizada de várias maneiras, ainda sendo o *pacto fundacional* – que deu origem, corpo e espírito a uma Nação.

Assim sucedem-se as várias teorias da Constituição – sendo *Teoria* (do grego *theoria*), dentre várias acepções, o "conjunto organizado de princípios, de ideias, de hipóteses concernentes a um domínio determinado" (Enciclopédia Larousse Cultural, 1998).

A existência de uma Nação brasileira no momento 1822-1824, resulta de séculos de formação, desde o chamado Descobrimento, em 1500: neles encontram-se fatos, traços, características e vínculos representativos e próprios, conforme proclamou o art. 1º da Constituição de 1824 que originam uma identidade nacional.

No caso, a ideia de uma Constituição Canônica – do grego *kannon* – "aquilo que deve permanecer" – na estruturação do Estado brasileiro – desde a Constituição de 1824 e, com esse pacto primeiro, os direitos humanos fundamentais da *vida, liberdade e igualdade* – básicos para todos os demais deles decorrentes, em todas as sucessivas Constituições do Brasil.

SUMÁRIO

INTRODUÇÃO

"It is also a dictate of the law of reason, that statute laws are a necessary means of the safety and welbeing of man in the present world".
(Hobbes)*

Os pactos demonstram-se absolutamente necessários à convivência humana, trate-se da família, dos grupos ou da sociedade: sem os pactos, as convenções, os acordos têm-se, tão somente, a desordem, a anomia e/ou a tirania.

A Constituição torna-se, portanto, o pacto indispensável à existência da Comunidade. A própria existência humana, segundo Hobbes[1], vem a ser garantida pelo *pacto* – firmado entre os Cidadãos e o Estado/Leviatã ao qual são compelidos, pelo medo e pela insegurança que cercam suas vidas e bens.

Certo que esse pacto resultou da renúncia de cada qual ao seu direito sobre todas as coisas ("direito natural", define Hobbes) e da convicção de que, dada a natureza humana, não será observado tal acordo, a menos que um poder irresistível, visível e tangível, armado de castigo, constranja a essa observância. Porque os pactos, sem a espada, *sword*, não são mais que palavras, *words*. Qual será esse poder irresistível? O Estado, ou a coisa pública, a *Commonwealth*, o Homem Artificial. Quem o constituirá e como,

* "Há também um ditame da lei da razão de que normas legais são o instrumento necessário da segurança e bem-estar do homem no mundo atual".("A dialogue between a philosopher and a student of the Common Laws of England"). Tradução livre.

[1] Hobbes, Thomas, " Do Cidadão". São Paulo, Martins Fontes, 1992, pp. 103 e segs.

por meio de qual *fiat*, façamos o conviver? São os homens que o constituirão, por um pacto voluntário, firmado entre si, tendo em vista a sua própria proteção, a fim de saírem, sem temor de recaída, do espantoso estado natural – para a sua libertação, a sua salvação"[2].

Eis o Estado

Hobbes fundamenta, portanto, a existência da sociedade civil, o Estado, na busca da paz e da segurança, embora decorra do temor mas o medo é o motivo da união, não da sujeição: esta decorre de uma vontade operante no contrato ("um próprio e livre arbítrio, *free will*) e essa vontade resguarda direitos. "Essa submissão", dirá Hobbes, "das vontades de todos à de um homem ou conselho se produz quando cada um dos demais se propõe a não resistir à vontade do indivíduo (ou do conselho) a quem se submeteu, isto é – a não lhe recusar o uso de sua riqueza e força contra quaisquer outros, pois supõe-se que ainda conserve um direito a defender-se contra a violência e isso se chama união[3].

Esse medo, ademais, não é algo imaginário, mas resultante do conhecimento da natureza humana e vai dar origem a que "um grande número de pessoas naturais, por desejarem a própria conservação e por medo recíproco, se erija em uma pessoa civil, a *cidade política* (que) recebe sua origem do conselho e constituição daqueles que se reúnem, o que é uma origem por instituição".[4]

Contudo, deixa ressalvado n' "O Cidadão"[5]:

> "Todos os homens são naturalmente iguais entre si; a desigualdade que hoje constatamos encontra sua origem na lei civil".
>
> (...)
>
> "A uma multidão fora da sociedade civil não se pode atribuir direito algum, nem qualquer ação a que cada um não tenha especificamente consentido"[6].

[2] CHEVALLIER, J. J. " As grandes obras políticas, de Maquiavel aos nossos dias", São Paulo, Agir, 1973, p. 70

[3] "Do Cidadão", op. cit; p. 117.

[4] Idem, p. 111, n. 12.

[5] Op. cit., pp. 33 n. 3; 113 n. 1 e 220, n. 2.

[6] "No Inglês, *under seal,* o que literalmente significa: de maneira solene (apondo seu selo, sua assinatura). Nota do tradutor, Renato Janine Ribeiro.

Eis o Cidadão

Conforme se observa, não obstante as expressas restrições reconhecidas às liberdades, Hobbes admite a possibilidade de resistência ao pacto e às denominadas leis naturais, pois haveria sempre a existência de direitos, preexistentes ao contrato que permanecem com o seu titular, o Cidadão – pois "a segurança do povo é a suprema lei".

Com Hobbes aparece pela primeira vez o problema de *pessoa e poder*. Para ele, a pessoa tem dignidade própria, direitos imprescritíveis, que podem levá-la a impugnar a organização política, econômica e social. Ademais, a sociedade funda-se num contrato, num acordo entre indivíduos os quais, precisamente, podem modificá-lo ou, mesmo, abrogá-lo, em nome da sua segurança, dever do Estado/Leviatã.

Explica Celso Lafer[7]:

"A vontade de viver em comum determina não o conteúdo da lei, mas sim a sua necessidade. A lei não se justifica pelo conteúdo, portanto, mas sim pela sua necessidade. Esta posição de Hobbes, que não parte da sociedade como um dado de sociabilidade – que é o que, aliás, o separa de Aristóteles, dos Escolásticos e de Grotius, faz dele um homem do mundo moderno e um continuador do pensamento do Renascimento."

"A *segurança* é o fim pelo qual nos submetemos uns aos outros, e por isso, na falta dela, supõe-se que ninguém tenha se submetido a coisa alguma, nem que haja renunciado a seu direito sobre todas as coisas, antes que se tomem precauções quanto à sua segurança."[8]

Atuais e soberbas razões, a fundamentar os direitos e deveres da cidadania, da desobediência civil e de toda resistência à opressão.

A *cidadania* consiste, exatamente, na dimensão política do indivíduo, o habitante da *polis/cidade,* detentor das liberdades civís. Nesse contexto, o entendimento de Pelloux[9] pelo qual uma liberdade "puramente defensiva", como a resistência ao poder arbitrário, não mais convém à época presente. A liberdade deve tornar-se mais e mais *participação*: o cidadão participará das decisões políticas que lhe digam respeito, direta ou indiretamente, na gestão dos assuntos locais, na administração dos serviços administrativos

[7] "Hobbes, o Direito e o Estado Moderno". AASP – Associação dos Advogados de São Paulo, 1979, p. 37.

[8] "Do Cidadão"., op. cit., pp. 117, 220.

[9] PELLOUX, Robert. *Le citoyen devant l'Etat,* Paris: Presses Universitaires, 1972; p. 123. Tradução livre.

e sociais, e, sobretudo, na concretização de medidas de proteção às liberdades, nas políticas".

Os cidadãos formam o povo, ao qual todo o poder encontra-se afeto. Tércio Sampaio Ferraz Jr.[10] comenta o Parágrafo Único, art. 1° da Constituição, quando sublinha: "Todo *o* poder emana do povo". Trata-se de um só poder, o poder da cidadania e do povo, enquanto agir conjunto.

"Este sentido legitimante da República, prossegue, erige a cidadania como uma espécie de fundamento primeiro por que, sem este reconhecimento de que o ser humano deve ter o seu lugar no mundo político, perverte-se a cidadania numa relação de submissão para a qual o pluralismo então não conta"[11].

Temos, enfim, o *Cidadão ao lado do Estado* – o único que se lhe pode equiparar, agora em igualdade de situações, porquanto dele – como Povo, provém todo o poder exercido.

E se substituída pelo Povo, a Nação, referida no artigo 3° da Declaração de 1789, ter-se-á então:

> "O princípio de toda soberania reside essencialmente no Povo. Nenhum corpo e nenhum indivíduo pode exercer autoridade alguma, que dele não emane"[12].

[10] *Apud* Diniz, Maria Helena, Georgakilas, Ritinha A. S., "A Constituição de 1988", São Paulo: Atlas, 1989, p. 37.

[11] *Idem*, op. cit.; pp. 8-9.

[12] Maria Paula Dallari Bucci comenta a "Atualidade dos Conceitos Jurídicos de Estado e Nação" (*in* Revista da Procuradoria Geral do Município de Santos", n.2/2005, pp. 107 e segs.): "A correlação entre os termos "Estado" e "Nação" constitui-se em tema bastante rico e atual a ser tratado pelo ângulo da Teoria Geral do Estado. Em vista da anunciada "crise do Estado-nacional" – que de fato se faz ver no embate entre as estruturas jurídico-políticas tradicionais do Estado e os novos arranjos da economia e dos organismos internacionais – cabe refletir sobre cada um dos termos que compõem a locução, a fim de aferir se é neles que se encontra a crise e se são termos cujo uso ainda se justifica. (...)Para a correlação entre os dois termos, Dalmo Dallari adota como ponto de partida os conceitos de comunidade e sociedade, segundo sua formulação no campo da Sociologia. Definindo três critérios de comparação, entende o ilustre jurista que: a) quanto aos fins, as sociedades os têm, enquanto as comunidades visam basicamente a sua própria preservação; b) quanto aos vínculos jurídicos, as sociedades compreendem "manifestações de conjunto juridicamente ordenadas", enquanto as comunidades não têm, em princípio, relações jurídicas, mas apenas sentimentos comuns; e finalmente c) quanto ao poder social, as sociedades o detêm, devidamente reconhecido pela ordenação jurídica, enquanto as comunidades não têm propriamente centros de poder, mas meros centros de influência. O fenômeno do Estado seria situável entre as sociedades e a Nação,

A fim de atender tais pressupostos, um estatuto, fundamental – que é a Constituição, guardará e resguardará tais condições sociais, jurídicas e políticas.

entre as comunidades. Extrai-se daí, portanto, que sob o aspecto sociológico define-se uma distinção da natureza do vínculo e de sua profundidade, entre as pessoas que, agregadas, compõem o Estado ou a Nação. *Evolução histórica dos conceitos* a) Ambos os termos, Estado e Nação, têm em comum, sob o ponto de vista histórico, terem florescido com o surgimento do Estado burguês, no século XVIII, após as Revoluções Inglesas, no século precedente, a Revolução Francesa, em 1789, e a Independência Americana e a criação da federação em 1776 e 1787, respectivamente. (...) Vê-se, portanto, que há mais que mera coexistência temporal entre os dois termos. A noção de Estado, que, como vimos, preexistia à de Nação, se valeu desta para definir uma nova forma de organização política tendente ao monismo do poder e do direito. (...) O artificialismo da ideia de Nação, esse termo vago, despido de lastro histórico, lhe conferiria uma forca mística que seria de grande valia no movimento de afirmação dos Estados nacionais, no século XIX. (...) A idéia de Nação, portanto, representa um fator de legitimação, no sentido da justificação do poder; o poder se exerce não mais sem nome do Rei, mas em nome da "Nação", o que quer que isso signifique. (...) E aqui se apresenta o principal problema de conceito de Nação, no que concerne à sua vagueza, a qual, mais que um problema de imperfeição terminológica, traduz uma abordagem, por assim dizer, evasiva, ao problema central do poder: a sua titularidade. Pois se hoje as Constituições adotam o referencial da soberania popular, o fato é que tal opção resulta de um processo historio de afirmação do povo como titular da soberania, em lugar da Nação, que se apresentara como tal, nos primórdios do movimento revolucionário francês. (...)Nas democracias ocidentais, o esquema clássico da representação ainda é o dominante, de tal forma que "povo" se torna sinônimo de "eleitor" – portanto, não tão distante do conceito de Nação, tão importante ao tempo da Revolução Francesa. (...) Permanece, portanto, alguma forma de exclusão, ainda que a titularidade do poder (não só por esse dispositivo (art. 14), mas também pelo artigo 1º da Constituição, além do seu todo sistemático, em que sobressai o relevo dado aos direitos e garantias, especialmente os direitos sociais) se refira explicitamente ao povo e não a uma "Nação" abstratamente considerada. (...) Não é sem relevo o fato de que a organização internacional mais importante do século XX se chame Organização das Nações Unidas, embora se trate, como a sua precursora Sociedade das Nações (1919), de sociedades de Estados, de tipo confederativo, e não propriamente de sociedades de Nações. Conclusões. Tal como demonstrado, é visível a permanência da relevância da correlação entre os conceitos de Estado e Nação, uma vez que dela decorrem importantes problemas a ensejarem tratamento jurídico. Na verdade, o direito está atento a tais problemas e tem desenvolvido soluções ou apontado caminhos que podem atenuar os conflitos entre nações. Um desses caminhos é a evolução dos modos de atuação do Estado Federal. O federalismo pode ser um mecanismo bastante útil de segregação de interesses locais – no âmbito local ou regional – e interesses comuns, no âmbito da União. Evidentemente, o mais adequado é que o agrupamento étnico-cultural esteja inteiramente situado dentro dos limites de uma unidade federada, de modo que a condução política do governo local seja a expressão legítima dos anseios daquela comunidade".

De todas as numerosas concepções que se atribuem a esse *ontos*, a Constituição, destaca-se o enfoque de Hesse: "Constituição é a *ordem jurídica fundamental da Comunidade*[13].

Comunidade, não apenas no sentido de participação em comum senão, conforme Hesse, uma conformação de unidade política e ordem jurídica.

Porquanto a Constituição destina-se, afinal, a regular o fenômeno do poder nas sociedades, Hesse enfatiza a *unidade política* "por que Estado e poder estatal não podem ser dados como supostos, como algo preexistente. Eles somente adquirem realidade na medida em que se consegue reduzir a uma unidade de ação a multiplicidade de interesses, aspirações e formas de conduta existentes na realidade da vida humana, na medida em que se consegue produzir unidade política." Contudo, adverte: "Esta redução à unidade, da multiplicidade, nunca fica definitivamente concluída, de tal modo que possa, desde logo, pressupor-se existente, senão que se trata de um processo contínuo e por isso colocado sempre como objetivo.

"Se a unidade política e, com ela, o Estado, somente advêm existentes através da atuação humana, esta última exige, por sua vez, a necessidade de organizar essa cooperação que deve conduzir à formação da unidade política na qual devem realizar-se as tarefas do Estado. Somente por meio de uma cooperação planificada e consciente, e, portanto, organizada, pode surgir a unidade política."[14]

[13] Hesse, Konrad, "Escritos de Derecho Constitucional", Madrid: Centro de Estudios Constitucionales, 1983, n. III, 1, p. 16. "Formação da unidade política" não significa a produção de um harmônico estado de coincidência geral e em qualquer caso, não a eliminação das diferenças sociais, políticas ou de tipo institucional e organizativo mediante a nivelação total. Dita unidade não resulta imaginável sem a presença e relevância de conflitos da convivência humana". De tal modo que *unidade política, Estado e Comunidade* são empregados como denominações das diferentes conexões de atuação que, em boa medida, são realizadas pelas mesmas pessoas; naquilo que Hesse não distingue, ou divide, isto é, na estrutura Estado/ Sociedade (não um dualismo, que Hesse refuta), portanto, "a diferença entre o estatal e o não-estatal na colaboração humana, dentro do território do Estado – deve ser expressada empregando o conceito de Comunidade referido a ambos, enquanto o conceito de "Estado" fica reservado ao conceito mais estrito de atividade e atuação dos poderes constituídos através da formação de unidade política.".(pp. 8-9, 13). Tradução livre. Nota = na Enciclopédia Larousse Cultural (Nova Cultural, Rio de Janeiro, 1998): "*Comunidade* (do Latim *communitas*. 1. Estado do que é comum; paridade, comunhão, identidade. (...) 3. Conjunto de cidadãos de um Estado, de habitantes de uma cidade, com afinidades sócio – econômicas ou geográficas".

[14] Idem, p. 13.

Daí que esse processo permanente necessita de uma ordenação: "a cooperação organizada e processualmente ordenada exige uma *ordem jurídica*", não uma ordem jurídica qualquer, senão aquela que garanta a possibilidade dessa "cooperação criadora de unidade, assim como a realização das funções estatais, eliminando o abuso das competências de poder."

Algo a alcançar *num sentido mais amplo,* sublinha Hesse: "A Comunidade o necessita por que a convivência humana não é possível sem ela, tanto mais numa situação como a atual, que provoca a necessidade de uma ampla ordenação e coordenação material das relações e dos âmbitos da vida social e econômica."

Eis a Constituição

Constituição e Constitucionalismo

Anotamos o conceito de Celso Bastos[15] *Constitucionalismo* como "o movimento ideológico e político contra o absolutismo monárquico, para estabelecer normas jurídicas racionais, obrigatórias para governantes e governados".

Cristalizado no século XVIII sob as influências do Iluminismo, o chamado Constitucionalismo Clássico ensejou, como ressalta Celso Bastos, o debate sobre a racionalização do poder, a partir da explicação racional da sociedade política: a partir daí, as doutrinas contratualistas e a necessidade de renovação do pacto social; a doutrina da Separação dos Poderes; a doutrina do Direito Natural (Grotius) e os princípios racionais do Liberalismo. Montesquieu, Locke, Rousseau e Sieyès são os construtores dessas ideias.

De outro lado, as liberdades públicas, centradas nos princípios de igualdade e liberdade – e o núcleo dos direitos e garantias individuais como limitação ao poder estatal, especialmente às diversas formas de autoritarismo e de totalitarismo emergentes no século XX.

> "Daí exsurgirem com clareza, nas constituições próprias dos Estados de Direito, duas sortes de competências: aquelas que são deferidas pelo texto constitucional aos órgãos públicos para habilitarem a sua ação, e aquelas outorgadas aos cidadãos para impedirem que o exercício da função estatal (sobretudo sob sua forma legislativa) se cumpra em detrimento ou em prejuízo de direitos que lhes asseguram uma área da não-ingerência estatal, juridicamente protegida. Daí porque os direitos individuais são verdadeiros direitos

[15] "Curso de Direito Constitucional", São Paulo, Saraiva, 8ª edição, 1986, p. 11.

subjetivos consistentes na faculdade reservada a quem quer que sofra eventual lesão, de comparecer diante de um órgão do Estado (diferente daquele que editou o ato impugnado) para que este torne sem efeito ou inexecutável o ato em pauta, reconhecendo-lhe a nulidade".[16]

Movimento ou dinâmica social, o Constitucionalismo perdura como tal, mudando com as adequações do tempo, despiciendo portanto falar em Neoconstitucionalismo com fundamento nessas transformações pois estas sempre ocorrerão, ao passo que o Constitucionalismo é a forma assumida por essas transformações, em cada tempo consideradas.

Este estudo pretende trazer essa consciência constitucional à atualidade: para tanto e inicialmente, a recuperação da consciência histórica pela qual se visualize a Constituição que, desde a formação do Estado brasileiro (1822-1824) vem insinuando-se pelo tempo, na sua estrutura canônica, ou seja, naquilo que deve permanecer e avançar: *os direitos humanos fundamentais*[17].

[16] Celso Bastos, idem, op. cit.; p. 231, n. 4.

[17] A fundamentalidade e a relação de permanência; conforme Nicola Abbagnano ("Dicionário de Filosofia", Martins Fontes, São Paulo, 1988): "*Permanência.* Segundo Kant, a P. expressa, em geral; o tempo como correlato constante da presença da aparência, da mudança e da concomitância. P. é o tempo enquanto duração ("Crítica da Razão Pura", An. Dos princípios, II, Seção 3. Primeira analogia). "*Permanência/persistência.* Terminologia introduzida por Mark Johnston, filosofo australiano do século XX, para esclarecer um antigo contraste e descrita por David Lewis em "The plurality of Worlds" (1986). Uma coisa persiste se e somente se existe ao longo do tempo assumindo partes temporais diferentes, ou estágios, em tempos diferentes, ainda que nenhuma dessas partes esteja completamente presente em mais do que um tempo. Inversamente, uma coisa permanece se, e somente se, existe ao longo do tempo, estando completamente presente em mais do que um momento temporal. A persistência corresponde ao modo como uma peça dura no tempo: o 1º ato não está presente quando do 2º ato. A questão consiste então em saber se será melhor conceber os objetos comuns como persistentes ou permanentes. O problema é antigo, pois muitos filósofos sentiram-se tentados a conceber a duração dos corpos, especialmente em movimento, como uma sucessão de novas entidades ou como recriações em diferentes lugares. Leibniz expõe esta doutrina de modo especialmente claro numa carta à princesa Sofia: "A duração das coisas ou a multidão dos estados momentâneos é a coleção de uma infinidade de impulsos de Deus, em que, cada impulso, a cada instante, é a criação ou a reprodução de tudo, sem que, estritamente falando, haja uma passagem contínua de um estado para o seguinte". (Simon Blackburn, "Dicionário Oxford de Filosofia", Jorge Zahar Editor, Rio de Janeiro, 1997, p. 295).

"Toda teoria é uma conspiração"
(Roberto Venosa)[18]

'Não há hoje uma situação *clássica* em sede de teoria da Constituição", afirma Canotilho[19]. "Entendemos por *situação clássica* aquela em que se verifica um acordo duradouro em termos de categorias teóricas, aparelhos conceituais e métodos de conhecimento. Como iremos demonstrar, a divergência profunda quer quanto aos problemas constitucionais da contemporaneidade quer quanto às respostas dadas a esses problemas torna hoje improvável o aparecimento de uma *situação clássica* da teoria da constituição".

Teoria, na acepção comum, é o conjunto de princípios fundamentais a respeito de uma ciência ou de uma arte e compreende várias acepções[20]; o

[18] "Participação e participações. Ensaios sobre auto-gestão", São Paulo, Babel Cultural, s/data, p. 187.

[19] J. J. Gomes Canotilho, "Direito Constitucional e Teoria da Constituição". Almedina, Coimbra, 2ª edição, 1998, pp. 1.187 e segs. "É certo que a teoria da constituição anda associada a três brilhantes juspublicistas alemães da década de 20 – 30: Hermann Heller, Carl Schmitt e Richard Smend (mas não devemos descurar Hans Kelsen e Heinrich Triepel). Todos eles procuraram compreender a crise do constitucionalismo liberal e do positivismo jurídico estatal afirmando a necessidade de uma teoria da constituição atenta à realidade constitucional e às transformações econômicas, políticas e sociais. Mas, já antes, a *filosofia do constitucionalismo* desenvolvida por homens como Locke, Rousseau, Montesquieu e Tocqueville, havia estudado as formas *jurídicas do político*, procurando articular um conjunto de conhecimentos temáticos, experiencias práticas e idéias normativas sobre o modo de se ordenar jurídico – constitucionalmente a *polis*. (...) A teoria da constituição da época de Weimar ainda hoje se considera de valor teórico inultrapassável. Construída em torno de um núcleo problemático central – a discussão sobre o método e orientação da ciência do estado – continua a fornecer até aos nossos dias modelos teóricos dotados de grande força ordenadora relativamente aos principais problemas do estado. A partir da década de 50, os estudos da teoria da constituição ganham novo fôlego depois do mortório nazi. Löewenstein, Friederich, Scheuner, H. Krüger, Hermens e Ehmke, entre outros, retomam o discurso do conteúdo político do direito constitucional e das suas condicionantes socioeconómicas. Mas notam-se já novas perspectivas em alguns desses autores. A obsidiante concentração dos cultores da teoria da constituição da década de 30 em torno da "unidade da ordem jurídica" e da "unidade do Estado" cede agora o lugar à preocupação de captar as dimensões básicas do estado constitucional, ou melhor, do *estado de direito democrático e constitucional*, e à necessidade de compreender a realidade constitucional através dos ensinamentos da ciência política (aos quais não era indiferente o *approach* da *political science* norte-americana)". (pp. 1187, 1189-1190).

[20] Novo Dicionário da Língua Portuguesa, Folha de S. Paulo / Aurélio, Nova Fronteira, Rio de Janeiro, s/data. Em Nicola Abbagnano(op. cit.) "Esse termo possui os seguintes significados

presente estudo desenvolve-se no objetivo principal de demonstrar que o pacto fundante de um povo dará origem a *uma única* Constituição e *apenas* uma que se vai adequando ao tempo e às mudanças sociais mediante sucessivas Constituições, como versões atualizadas da primeira, fundamental.

Trata-se de uma *única* Constituição – aquela que instituiu o Estado – este também um *único* Estado, assim transmitido às novas gerações, com as modificações do tempo.

O tempo – apresenta dois aspectos peculiares: a flecha e a passagem pois "enquanto a flecha do tempo descreve a irreversível sucessão de eventos antes – e – depois, a passagem do tempo refere-se à distinção que fazemos entre passado, presente e futuro"[21]. François Ost[22] trabalha o tempo mais como uma instituição social do que um fenômeno físico e uma experiência

principais: 1º Especulação ou vida contemplativa. Esse é o significado que o termo teve na Grécia. Nesse sentido, Aristóteles identificava T. com bem-aventurança (...) T. opõe-se então a prática e, em geral, a qualquer atividade não desinteressada, ou seja, que não tenha a contemplação por objetivo. 2º. Uma condição hipotética ideal, na qual tenham cumprimento normas e regras, que na realidade são observadas imperfeita ou parcialmente. Este significado está presente quando se diz: "Teoricamente deveria ser assim, mas na prática a teoria é outra coisa. (...). 3º A chamada "ciência pura", que não considera as aplicações da ciência à técnica de produção, ou então as ciências, ou partes das ciências que consistem na elaboração conceitual ou matemática dos resultados, p. ex. "física teórica": 4º Uma hipótese ou um conceito científico. Este último significado deve ser considerado especialmente neste verbete, visto que o problema da T. cientifica constitui um dos capítulos mais importantes da metodologia das ciências. Os resultados principais das pesquisas nesse campo podem ser resumidas do modo seguinte: a) a T. cientifica é uma hipótese ou, pelo menos, contém uma ou mais hipóteses como suas partes integrantes (...) b) uma T. cientifica não é um acréscimo interpretativo ao corpo da ciência, mas é o esqueleto desse corpo. Em outros termos, a T. condiciona tanto a observação dos fenômenos quanto o uso mesmo dos instrumentos de observação (...) c) além da parte hipotética, uma T. cientifica contém um aparato que permite a sua verificação ou confirmação. (...) d) Uma T. não é necessariamente uma explicação do domínio de fatos aos quais se refere, mas um instrumento de classificação e previsão. (...) A verdade de uma T. está em sua validade e sua validade depende de sua capacidade de cumprir as funções às quais se destina. As funções de uma T. podem ser especificadas da seguinte maneira: 1º uma T. deve constituir um esquema de *unificação sistemática* de conteúdos diversos; o *grau de abrangência* de uma T. é um dos elementos fundamentais na avaliação de sua validade; 2º uma T. deve oferecer um conjunto de meios de *representação conceitual e simbólica* dos dados de observação (...) vale dizer, simplicidade logica; 3º uma T. deve constituir um conjunto de *regras de inferências* que permitam a previsão dos dados de fato. Este é considerado hoje uma das tarefas fundamentais das T. cientificas e a capacidade de previsão de uma T. é critério fundamental para avaliá-la".

[21] G. J. Whitrow, "O que é tempo?", Rio de Janeiro, Zahar, 2005, p. 167.

[22] "El tiempo del derecho", Buenos Aires, Siglo XXI, 2005, pp. 11-13. Tradução livre.

psíquica – e como tal, obra do Direito, numa interação dialética – podemos acrescentar, enquanto história e incerteza. Daí as adequações necessárias ao pacto fundante, a Constituição.

Quando os povos se unem formando um Estado e decidem organizar-se em comum, por laços fundados na lei – firmam, então, um pacto fundador daquela ideia de direito que os uniu e, mediante juras e protestos, interesses imediatos e mediatos e objetivos individuais e coletivos, elaboram uma *Constituição*.

Se a Constituição prefigura em si esses ideais, – quando ocorreu o pacto fundacional, a primeira e original Constituição e o Estado então instituído, o advento de uma "nova" Constituição ou sucessivas Constituições, "a perda da eficácia" da primeira e original Constituição irão recair, apenas, sobre as mudanças do *acessório (tempus)* e não o que se demonstra a *essência (eidós)* – que deve permanecer, como sejam: a existência do próprio Estado, a sociedade que não se dissolve no tempo e os direitos humanos fundamentais, desde então consagrados.

Organizado o Estado pela Constituição – a pedra fundamental, "a pedra angular"[23] ela permanece uma só, como um só é o Estado: ambos, a Constituição que funda o Estado e este, como sociedade politicamente organizada. As Constituições vindouras serão, somente, adequações inevitáveis causadas, como dito, pela dinâmica social e política, a História.

Loewenstein[24] comenta "o singular fenômeno da Constituição americana (que) "segue prestando um incalculável serviço ao adaptar pacifica-mente o processo do poder à competição das forças sociais, tal como estão representadas por partidos e grupos pluralistas" – pela interpretação construtiva da Suprema Corte. Uma única Constituição, portanto, desde 1787 – com instituições e instrumentos básicos, permanente.

Em outros países, no entanto, como França e Brasil, as mudanças político-sociais têm-se operado por Constituições sucessivas; contudo, o fenô-meno político-social que ensejou o nascimento do País e o advento da Constituição configura-se o mesmo: um Povo fazendo sua História. O que nos impede aquela mesma e ideal postura diante da Constituição é o entendimento de que se trata de *novas Constituições* que se sucederam no País e que, portanto, uma desfaz a outra e a cada "nova" Constituição sucede um "novo" ordenamento jurídico e um "novo" Estado.

[23] Salmo 118:22, Biblia Hebraica, Sefer, São Paulo, 2006.

[24] Karl Loewenstein, "Teoria de la Constitución", Ariel, Barcelona, 1986, p. 227.

São singularidades culturais: a sociedade, no entanto, era e continua aquela determinada sociedade e assim, a "ideia de direito"(Burdeau), adaptadas ao tempo: os cânones constitucionais e os direitos fundamentais permanecem, trazidos de uma para outra geração, expressos ou implícitos, porquanto *fundamentais*, acrescidos de outros direitos surgidos das relações político-sociais.

Assim, a continuidade da Nação, a continuidade do Povo – sem rupturas, como elementos físicos do Estado brasileiro, fundado em 1824, e, em continuidade, agregados de novos contingentes, até hoje e para o devir.

A teoria alcança também o problema do Poder Constituinte, seja aquele Poder Originário, que elabora a Constituição, seja o Poder de Reforma, ou Derivado ou Constituído, incluídas a revisão e as emendas constitucionais, sempre tendo como base a Constituição fundadora.

De igual sorte a estrutura estatal, desenhada originariamente pelo Poder Constituinte ao Estado – as suas pilastras democráticas – devem permanecer para os rumos futuros: tem-se presente, em especial, a conhecida afirmativa de que as gerações futuras não devem ficar presas às determinações das gerações passadas; mas, tratando-se da *estrutura do Estado* não poderão ser atingidas pela vontade, simplesmente, das sucessivas gerações. Vontade contra vontade, o que deverá permanecer, *ad futurum?* Do que se tratou afinal, no passado, que justifique, atualmente, a existência do Estado e suas aprofundadas e seguras raízes? E os direitos humanos, *qua* humanos, portanto, base, alicerces que independem, como tais, de cada geração.

Citando Jon Elster, observa Canotilho[25]:

> "A constituição entendida como um conjunto de regras vinculativas tem sido confrontada quer com o *paradoxo da democracia* quer com *o paradoxo intergeracional*. John Elster formulou estes paradoxos em termos agora considerados clássicos: cada geração quer ser livre para vincular as gerações seguintes, mas não quer ser vinculada pelos seus predecessores".

[25] "Ulises y las sirenas", Fondo de Cultura Económica, México, DF, 1989, p. 93 *in* "Direito Constitucional e Teoria da Constituição", op. cit., p. 1.285. E acrescenta: "O paradoxo da democracia e o paradoxo intergeracional mesmo a duas posições teoréticas substancialmente distintas. Radicalizando estas posições poderemos falar de *teorias democrático-representativas puras* e de *teorias constitucionalistas puras*. A função da Constituição não é a mesma para uns e para outros, tal como não é a mesma na leitura liberal ou na leitura moralmente reflexiva da autovinculação através de regras constitucionais".

Aqui se inclui a *questão democrática*, como princípio a envolver a manifestação do Poder Constituinte Originário e do Poder Reformador, a representatividade e a democracia participativa[26], o que significa: o exercício dos instrumentos de influência no processo da tomada de decisão (plebiscito, referendo, "recall" e todas as formas de participação).

A figura hobbesiana do Estado terá de ser analisada nas trevas dos pós-guerras do Século XX, à luz de Habermas e Agamben, em especial, para definir-se o "Estado de exceção", no século XXI.

A figura hobbesiana do Cidadão prevalecerá, no enfoque atual, como aquele que se nivela ao Estado cujo *corpus* compõe-se, mesmo na visão do século XVII, dos milhares das pequenas criaturas, – os cidadãos, o Leviatã – que não existiria sem eles e que, por integrá-lo, situam-se no mesmo patamar existencial de valor político, com o seu poder próprio e vontade própria ("free will").

Pretende-se igualmente, nesse ponto, desenvolver reflexão sobre *a especial hierarquia constitucional dos direitos e garantias fundamentais* porquanto, como tais, devem permanecer acima do poder de reforma da Constituição, por sua própria e inatingível natureza, e conteúdo essencial, sobrepondo-se ao advento de Constituições subsequentes.

A fundamentação doutrinária, por sua vez, estender-se-á de Kelsen / Bobbio – o positivismo do século XXI a Arendt / Rawls, no seu corte filosófico-político.

Kelsen, a partir de Miguel Reale em seu retrato do Mestre de Viena, no II Encontro Nacional de Filosofia do Direito, sobre o tema "A visão integral do Direito de Kelsen[27], pelo que, poder-se-ia considerar o jusnaturalismo e o juspositivismo contemporâneo, como rios que correm paralelos e que, integrando-se no mar, nele se encontram, em confluência, pois sem valores não há vivência e sem normas não há convivência: "a norma como valor"[28].

[26] Ainda em 2012, a defesa de Tese em Livre – Docência, de Rubens Beçak, na Universidade de São Paulo, "Reflexões sobre o envolver democrático rumo à sua otimização" propondo a expressão *democracia deliberativa*, "como a participação em um processo democrático, no qual a livre exposição de idéias e suas justificativas para que a decisão seja tomada num sentido ou noutro, serão livremente debatidas, com iguais oportunidades". Ou seja, "a tomada de decisões por discussão entre cidadãos livres e iguais" (Elster), "um processo de transformação, mais do que a simples agregação de preferências" (Habermas), pp. 97-98, 99-100.

[27] *In* "Direito Natural /Direito Positivo, Saraiva, São Paulo, 1984, pp. 58 e seguintes.

[28] Maria Garcia, "Juspositivismo do século XXI: a norma como valor", *in* Revista de Direito Constitucional e Internacional", Ed. Revista dos Tribunais, São Paulo, n. 60/2007, pp. 177 / e segs.

O mesmo Miguel Reale, explicita[29] a ideia do Direito Natural como "conjectura plausível", "a versão normativa da Axiologia Jurídica ou Teoria da Justiça".

Assim é que, posta a sua "Teoria Pura do Direito" e *qua* pura, Kelsen se propõe a empreitada do ecossistema do ordenamento jurídico, o político – social, na "Teoria Geral do Direito e do Estado"[30], de 1945 onde ressalva, de início:

> "A teoria geral, tal como é apresentada neste livro, está voltada antes para uma análise estrutural do Direito positivo que para uma explicação psicológica ou econômica das suas condições ou uma avaliação moral ou política dos seus fins".
>
> E acrescenta, adiante: "Parece, portanto, que uma teoria pura do Direito, hoje, é extemporânea quando, em grandes e importantes países, sob o domínio da ditadura de partido, alguns dos mais proeminentes representantes da jurisprudência não conhecem nenhuma tarefa mais elevada que a de servir –com a sua "ciência" - o poder ideológico do momento. Se o autor, porém, aventurou-se a publicar esta teoria geral do Direito e do Estado, foi com a crença de que (...) as idéias têm mais apreço que o poder; e também com a esperança de que (...) a geração mais jovem será conquistada pelo ideal de uma ciência do Direito independente; porque o fruto de uma tal ciência não pode ser perdido".

Kelsen fala, pois, de *crença, ideal e esperança* e, em outros estudos, tal como em "As metamorfoses da ideia da justiça", [31] vem afirmar:

> "O desejo de justiça é tão elementar, está tão profundamente arraigado na mente humana – porque é uma manifestação do indestrutível desejo do homem de alcançar sua própria *felicidade* subjetiva.
>
> A idéia da felicidade deve modificar radicalmente seu significado a fim de chegar a ser uma categoria social, a felicidade da justiça".[32]

[29] Op. cit., pp. 9-12,16; Celso Lafer, "Reconstrução dos Direitos Humanos", Companhia das Letras, São Paulo, 1988, p. 17.

[30] Martins Fontes / UNB, 1990, Prefácio, pp. 2, 5.

[31] *In* "El actual pensamiento jurídico norteamericano", Buenos Aires, Losada, 1951, p. 250. Tradução livre.

[32] Sobre Kelsen, sua importância e seu legado, Miguel Reale, na aludida conferência de Abertura do II Encontro Nacional de Filosofia do Direito (*In* "Direito Natural / Direito Positivo",

Tratando da "recepção europeia do princípio da supremacia constitucional e sua expressão no sistema austríaco – kelseniano de justiça constitucional" – García de Enterría[33] enfatiza a "obra pessoal e sem dúvida alguma

op. cit., pp. 58 e segs.) deteve-se inicialmente "na figura, por inteiro, de Hans Kelsen", não apenas "o maior jurista do nosso século" senão "uma das personalidades mais poliédricas e multifacetadas da nossa época. E isto explica bem a sua compreensão do rigor científico. Porque Hans Kelsen aspirou a nos dar uma Ciência do Direito rigorosa, que fosse dona de si mesma, que fosse senhora do seu destino, não apenas quanto ao campo de pesquisa, mas, sobretudo, no que diz respeito aos processos metodológicos e cognoscitivos? Qual a razão da sua defesa até, às vezes, agressiva, daquilo que é próprio do Direito? Talvez alguém há de pensar: Kelsen era um homem tão apegado ao Direito que queria tudo transformar em Direito (...) Não! Kelsen não queria o Direito como única ciência. Ele foi, talvez, um dos primeiros a ter intuição de um dos movimentos mais altos da Gnoseologia, da *Teoria do Conhecimento* e que se indica pela palavra *interdisciplinaridade.* (...) Hans Kelsen teve a intuição poderosa desta diretriz dominante do pensamento contemporâneo, que é a *interdisciplinaridade.* Notamos isto na sua primeira obra, de 1911..." De outro lado, Reale volta-se à 2ª edição da "Teoria Pura do Direito", uma reformulação em que Kelsen afirma não poder admitir que de sua doutrina "se fale, de maneira ingênua, em formalismo". E afirma: "A forma, própria do normativismo kelseniano, é desse modo, *constitutiva* no sentido de que desempenha sempre uma função referencial em relação à experiência social". O fato, porém, do jurista ter os olhos abertos para a experiência não o reduz a um estudioso da realidade econômica, demográfica, etc.: o seu domínio próprio é o da norma, da *forma* social. E aqui vai a primeira observação, a primeira advertência, digamos assim: Kelsen é um mestre da Teoria Pura do Direito, *mas não é um mestre do Direito puro*! (...) O que existe" – prossegue Reale, "é a procura, a pesquisa de uma pureza metodológica capaz de isolar o estudo do Direito do estudo de outras ciências sociais, como a História, a Economia, a Psicologia e assim por diante. (...) Quando Kelsen escreve, em 1960, a 2ª edição da sua "Teoria Pura do Direito", faz questão de colocar como apêndice a sua "Teoria da Justiça". A justiça é, pois, segundo ele, um valor que varia de época para época, de lugar para lugar. Não obstante essa variação, o certo é que ao surgir uma norma – não podemos esquecer que ela representa a opção por algo que *deve ser,* não importa que eu não saiba o que é justiça. O importante é que se aplique o Direito, tal como *ideologicamente* ele se constituí e vale. Há algo de pascaliano nessa tese quase que melancólica, implícita na doutrina de Kelsen, de que não sabemos o que é a justiça, mas somos obrigados a subtendê-la, o que é uma forma de procurá-la. Não é sem motivos profundos, por conseguinte, que a "Teoria Pura do Direito" é completada, embora em apêndice, por uma Teoria da Justiça". Acrescenta Reale: " Quando se fala no "formalismo kelseniano", devemos ter cautela, pois a rígida discriminação que Kelsen faz de três ordens de pesquisas sobre o Direito (uma normativa, especificamente "jurídica", outra de caráter sociológico e uma terceira como teoria da justiça) já contém implícito um sentido de "globalidade de perspectivas", cada uma delas dotada de uma função heurística" (p. 41). Conclúi Reale sublinhando, afinal, que "a inovação fundamental de Hans Kelsen consistiu, na *unificação do conceito lógico de norma, abrindo lugar para uma nova e mais rica abrangência do campo normativo*". (p. 41)

[33] Eduardo Garcia de Enterría, "La Constitución como norma y el Tribunal Constitucional", Civitas, Madrid, 1991, pp. 55 e segs. Tradução livre.

genial ("uma das maiores criações históricas devidas a um só jurista") de Kelsen, um "controle concentrado" confiado a um só Tribunal, o Tribunal Constitucional. Para Kelsen, – explicita, "o poder legislativo divide-se em dois órgãos: um, o Parlamento, titular da iniciativa política, que é o "legislador positivo"; o outro, o Tribunal Constitucional, que elimina, para manter a coerência do sistema, as leis que não respeitam o marco constitucional".

Esses os legados kelsenianos que se projetam no Constitucionalismo do século XXI, já imantado das peculiaridades deste tempo e desta época – conforme propõe o juspositivismo de Bobbio, mantidos os pressupostos básicos da doutrina kelseniana, a partir da visão da *norma como valor*, ela mesma, em si considerada, produto máximo da racionalidade humana.

Outro aspecto deste estudo é o enfoque da *fundação* conforme Arendt[34], quando se detém na análise das Revoluções Norteamericana e Francesa, e nessa análise, desenha as bases da *Constitutio Libertatis,* a fundação e sua importância, como o resultado da conjunção de forças sociais que instituem o espaço público da ação e da liberdade.

Para Hannah Arendt não há a confundir "o trabalho da libertação com a fundação da liberdade".

Daí busca-se traçar os pontos de correspondência com a História brasileira – e, nesse desiderato, a análise, preponderantemente acentuada, dos movimentos insurrecionais mais representativos, da Inconfidência Mineira – exatamente contemporâneo (1789) àquelas Revoluções libertárias, norte americana e francesa; o movimento de 1817 e sua "Constituição" culminando, na fundação do Estado brasileiro, 1822 – 1824 e, então, ao exame detido da Constituição em seus aspectos básicos permanentes, em especial os direitos humanos fundamentais, e sua inclusão no patrimônio individual.

Na metodologia, especificamente quanto ao que se refere à parte histórica, optou-se por deixar falar os autores livremente, pelas suas próprias palavras, em favor da autenticidade da opinião e fidelidade ao pensamento.

Em síntese:

Por vezes, a perplexidade invade as reflexões: as linhas de pensamento alongam-se por sendas mal iluminadas, não se visualizando muito bem as metas, os objetivos a atingir.

[34] Hannah Arendt, "Sobre a revolução", São Paulo, Companhia das Letras, 2011, Capítulos 4 e 5.

Thomas S. Kuhn[35] esclarece sobre a natureza da ciência e os "paradigmas, realizações científicas universalmente reconhecidas que, durante algum tempo, fornecem problemas e soluções modelares para uma comunidade de praticantes de uma ciência".

A ciência jurídica, igualmente, depara-se com esse dilema entre manter, ainda, os modelos objeto de estudo, já na percepção de que ocorre uma crise.

Trata-se, então, da crise da Teoria da Constituição quando se verifica que as tendências repisam modelos que permanecem valorados mas não se prestam a explicar o mal – estar visível no trato do objeto cientifico, a Constituição.

Propõe-se que ocorre uma crise da Teoria da Constituição e que há necessidade de reconstruir o paradigma da supremacia da Constituição, da majestade da lei, da norma como valor, em si mesma considerada.

E conforme refere Pedro N. Mizukami[36]: "É difícil chegar-se a uma teoria da constituição, além da afirmação tautológica de que a teoria da constituição é aquela que estuda, investiga, explica o fenômeno da Constituição", concluindo:

> "Por teoria da constituição entende-se um *campo de investigação,* no interior do qual pode-se produzir teorias com sistematizações e intensidades variáveis.
>
> Não há um perfil preestabelecido do conteúdo de uma teoria da constituição (...) De todo modo – e isto todas as teorias da constituição têm em comum, –, é sempre necessário partir de uma *idéia* de constituição, seja lá qual ela for."

Neste ensaio faz-se prevalecer a ideia de que a Constituição, pacto fundante, surge e permanece uma só, não obstante as variadas versões que possa apresentar, especificamente na sua parte declaratória dos direitos fundamentais, como o *kanon*, algo "tido como memorável" e que se deve perpetuar.[37]

[35] "A estrutura das revoluções cientificas", Perspectiva, São Paulo, 4ª edição, 1996, p. 13.

[36] "O Conceito de Constituição no Pensamento de John Rawls", São Paulo, Thomson/IOB, 2005, p. 23.

[37] Cleanth Brooks, "Em defesa do Cânon", *in* "Diálogo n. 3", V. 25, Rio de Janeiro, Lidador, 1992, p. 28.

Para tanto, firmam-se as seguintes proposições:

(1) *A Fundação* como um momento primeiro e único e a Constituição como o seu estatuto jurídico – político;
(2) *O Estado*, primeiro e único, decorre da *Constituição,* primeira e única;
(3) *A Constituição* funda o Estado e declara os direitos e garantias fundamentais;
(4) Uma Constituição não revoga: sucede à Constituição anterior, na dinamicidade social, econômica e política;
(5) As sucessivas Constituições representam versões atualizadas do Estatuto Fundante;
(6) Não se revogam direitos e garantias fundamentais: as sucessivas declarações de direitos compõem a Constituição; e
(7) *Qua* direitos e garantias fundamentais integram o patrimônio constitucional do Cidadão. Daí porque a Cidadania é fundamento do Estado: o Estado não existe sem povo e Povo é o conjunto dos cidadãos.

Com tais objetivos, no Capítulo I cuida-se de visualizar a Constituição, essencialmente como pacto fundante e, em especial, a Constituição como "lei" e a *lei* em Platão, *dogma poleos.*

O Capítulo II aborda o Poder Constituinte como aquele que elabora a Constituição[38] sujeito às limitações da "ideia de Direito", existente na sociedade para a qual a Constituição é elaborada.

No Capítulo III adentra-se a análise da formação do Estado brasileiro, na sua característica mais genuína: as Câmaras Municipais e, em especial, o exemplo democrático da Câmara Municipal de Santos (São Paulo) cuja Constituição, de 1894, prevê o instituto do "recall", não mais repetido.

E a Constituição Imperial de 1824, estabelecendo a arguição de inconstitucionalidade pelo cidadão, direito não mais previsto.

O Capítulo IV trata dos direitos inerentes à qualidade *do humano* e o Título III da Constituição de 1988.

Finalizando este estudo, o Capítulo V detém-se na Constituição Canônica, sua essência e na Cidadania (fundamento do Estado), e o que representa o núcleo desta Teoria, os direitos fundamentais, *vida, liberdade e igualdade* – precedentes de todos os demais, patrimônio indisponível, imprescritível e, pois, transcendental, de geração a geração.

[38] Emmanuel Sieyès, "Qu'est-ce que le Tiers État?", Quadrige / PUF, Paris, 1982, pp. 66-88.

Capítulo 1
A Constituição, Pacto Fundacional

"É preciso o povo lutar pela lei,
como luta pelas muralhas"
(Heráclito, Fragmento LXXXIX)[39]

"A Constituição pensa-se como um texto jurídico que,
ao mesmo tempo, fixa a Constituição política de um Estado".
(Canotilho)[40]

"Para que guardassem os seus preceitos, e observassem as suas leis"
(Salmo 105:45)

1.1. A Constituição

A ideia de *pacto* configura-se eminentemente política, sob qualquer das suas formas, ou aspectos, ao longo do tempo: as Cartas Forais da Idade

[39] Donaldo Schuler, "Heráclito e seu (dis)curso", L&PM, Porto Alegre – RS, 2004, "*Muralhas verbais.* O convívio de séculos com rebanhos deixou lembranças no vocabulário. A palavra *nomos* (lei), derivada de *nemos* (pastorear), recorda a vida pastoril. A obrigação de conduzir as ovelhas às melhores pastagens determina ao pastor decisões que se renovam. A sabedoria dele saberá proteger, em cada circunstância, os animais de perigos: ladrões, feras, intempéries, doenças, acidentes geográficos... A sociedade democrática em que o termo agora circula atribui ao povo responsabilidades que outrora carregavam reis pastores. (...) A lei é a condição para que diferentes possam conviver. A lei consente que o outro seja outro, protege-o. Lutar pela lei é bater-se pelo espaço em que contrários se confrontam, é lutar pela vida como ela é. Combater pela lei é bater-se pelo direito de diferentes serem o que são". (pp. 185-186).

[40] J. J. Gomes Canotilho, "Direito Constitucional e Teoria da Constituição", op. cit., p. 92.

Média, as Leis do Reino, permanentes e transcendentes aos ordenamentos, até o primeiro documento desse caráter, a *Carta Magna Libertatum* de 1215 que, junto ao *Habeas – Corpus Act, a Petition of Rights, o Bill of Rights* e, para alguns, a Paz de Westphalia, compõem o quadro do patrimônio jurídico humano, em qualquer parte do mundo. Ainda, a Declaração da Independência norteamericana, de 1776, na opinião de Geraldo Ataliba[41], "solene promessa republicana paradigmática dos tempos modernos".

Tal ideia sugere um momento de concentração de pensamentos e de ações, em torno de pontos comuns no que concerne à necessidade de instituir uma forma de convivência, de ordenação ou de organização envolvendo ideias e interesses mediatos e imediatos, de necessidades e de conflitos que levam, porém, a um acordo, um juntar de mãos em prol de todos.

Disso origina-se algo de valor social e político, em torno do qual, afinal, as vontades se encontram, firmando o pacto fundante. Institui-se um Estado e a Constituição Política ordenará o poder de governantes e governados: estabelecerá atribuições e competências, enumerará direitos e garantias, no objetivo, a ser buscado, do bem comum,

Entre as funções da Constituição, assinala Peces-Barba[42] estão a função de legitimação, a função de justiça e a função de segurança. Com isto, alude ao art. 1.1., da Constituição Espanhola de 1978 que, à semelhança do art. 1º da Constituição brasileira de 1988, elenca os fundamentos do Estado:

> "España se constituye en un Estado social y democrático de Derecho, que propugna como valores superiores de su ordenamiento jurídico la libertad, la justicia, la igualdad y el pluralismo político."

[41] "República e Constituição", Revista dos Tribunais, São Paulo, 1985, p. 140.

[42] Gregorio Peces – Barba, "Los valores superiores", (Tecnos, Madrid, s/data, pp. 65 e segs): propicia um exemplo: "Espanha constitui-se em Estado social e democrático de Direito, que propugna como valores superiores de seu ordenamento jurídico, a liberdade, a justiça, a igualdade e o pluralismo político."(...) "Pela função de segurança observa-se a Constituição desde a perspectiva de regulação do uso da força, dos órgãos que podem usá-la, do procedimento para usá-la, dos conteúdos de força utilizável e dos limites para utilização da força. Não se referem, ao menos, de modo central aos conteúdos de força utilizável e dos limites para a utilização da força. Não se referem, ao menos, de modo central, aos conteúdos materiais, posto que a realização da função de segurança suponha um certo valor de paz, imprescindível e instrumental para o cumprimento das funções materiais; é o que denominamos, com Fuller, a moral interna do Direito"(p. 67). Tradução livre.

Kelsen[43] trata da *noção de Constituição* referindo-se à questão da "garantia e da forma de garantia da Constituição, isto é, da regularidade das gradações, do ordenamento jurídico que lhe estão imediatamente subordinados, exige previamente, para poder resolvê-la, que se disponha de uma noção de Constituição" e que, "Através das múltiplas transformações sofridas, a noção de Constituição tem conservado um núcleo permanente":

> A ideia de um princípio supremo que determina a ordem estatal na sua totalidade e a essência da comunidade constituída por esta ordem.
>
> Defina-se de uma ou outra forma, a Constituição é sempre o fundamento do Estado, a base do ordenamento jurídico e que se trate. O que se entende ante tudo e sempre por Constituição – e a noção coincide sob este prisma com a forma de Estado – é um princípio no qual se expressa juridicamente o equilíbrio das forças políticas no momento que se toma em consideração, é a norma que regula a elaboração das leis, das normas gerais na execução das quais se exerce a atividade dos órgãos estatais, dos tribunais e das autoridades administrativas.
>
> Esta regra sobre a criação das normas jurídicas essenciais do Estado, sobre a determinação dos órgãos e o procedimento da legislação, forma a Constituição no sentido próprio, originário e estrito da palavra.
>
> (...) É esta noção ampla a que está presente quando as Constituições modernas contêm não somente regras sobre os órgãos e o procedimento da legislação, senão também um catálogo de direitos fundamentais dos indivíduos ou liberdades individuais. Desta forma – este é o sentido primordial, senão exclusivo, desta prática – a Constituição traça princípios, diretivas e limites ao conteúdo das leis futuras".

"*Constituição é a ordem jurídica fundamental da Comunidade*", afirma Hesse[44], como visto, entendendo-se por *comunidade* a participação de algo em comum, com ênfase no termo *participação* como "fazer parte" e, portanto, terem os indivíduos o poder de decisão sobre os assuntos que lhes forem pertinentes, direta ou indiretamente.

[43] Hans Kelsen, "Escritos sobre la Democracia y el Socialismo", Ed. Debate, Madrid, 1988, pp. 114-115. Tradução livre.

[44] Op. e loc. cits., p. 16.

Konrad Hesse, com efeito, traça um longo percurso argumental sobre a questão primeira: "Que é a Constituição?"[45], considerando a dificuldade de encontrar um conceito "consolidado ou majoritariamente admitido" e concluindo, de todo modo, que o sentido da Constituição terá de partir da finalidade e da função da Constituição na realidade social "histórico-concreta", na qual aparecem como objetivos incontornáveis a *unidade política* do *Estado* isto é, uma unidade de atuação diante da multiplicidade de pleitos e de interesses, aspirações decorrentes da realidade da existência humana – sempre inclusa, de modo a permitir um processo contínuo e por isso, estimulado sempre com aquele objetivo.

De outro lado, esse existir da Comunidade necessita uma ordenação, uma "cooperação organizada", exige uma *ordem jurídica*, algo a alcançar não "enquanto ordem pela ordem senão como *ordem de conteúdo determinado*, "reto" e, portanto, *legitimo*".[46]

> "Neste sentido, são critérios de sua "retidão" a tradição acreditada mas também seu contrário: experiências históricas que provaram o que não é "reto" e, portanto, não deve ser considerado Direito e, em conexão com isso, princípios jurídicos que se formaram através da experiência histórica das gerações tendo resultado confirmados pelas mesmas, assim como os modelos da geração atual sobre a conformação do presente e do futuro"[47]

Assim, Hesse concebe a Constituição como "incompleta e inacabada": (...) "O caráter *incompleto* da Constituição pode dever-se a que *não seja necessária* uma norma constitucional. A Constituição não codifica senão que, unicamente, regula e muitas vezes, somente de forma pontual e com grandes linhas, oque pareça importante e que necessita determinação, dando-se o restante por tacitamente suposto ou deixando ao consequente ordenamento jurídico a complementação ou concretização. Daí que, de antemão, a Constituição não pretenda carecer de lacunas, nem mesmo ser um sistema fechado[48].

(...)*Incompleta e inacabada* – por ser a vida que pretende normar vida histórica e, pois, submetida a mudanças históricas." (...) Daí que "seu conteúdo terá de permanecer necessariamente *aberto ao tempo*"[49].

[45] Idem, pp. 3, 6.

[46] Ibidem, pp. 14-15, ns. 12, 13, 14.

[47] Konrad Hesse, op. cit., pp. 15-16, n. 14. Tradução livre.

[48] Idem, pp. 18-19, n. 21.

[49] Ibidem, p. 19, nº 23.

Todavia mostra-se ela uma *ordem*, uma *ordenação constitutiva*: a Constituição dá origem e existência político – jurídica à sociedade que se organiza nesse desiderato e assim a toda a "idéia de direito" (Burdeau) pré-existente regulando, então, a ordem política, social e econômica, direta e indiretamente: o *pacto fundacional*.

Várias teorias explicam o pacto fundacional, destacando-se nisto os enfoques contratualistas de Hobbes, Rousseau, Rawls – para ressaltar as mais significativas até a atualidade, conforme esclarece Barroso[50], "Os fundamentos teóricos do constitucionalismo moderno começaram a ser lançados após a Reforma Protestante, tendo como principais referências teóricas os autores que desenvolveram a ideia de contrato social, em especial os ingleses Thomas Hobbes e John Locke, no século XVII".

Na citada obra "Do Cidadão[51], Capítulo II ("Da Lei da Natureza dos Contratos"), Hobbes declara ser ela "o ditame da reta razão", e que "todos os deveres dos governantes estão contidos nesta única sentença: a segurança do povo é a lei suprema":

> "A segurança é o fim pelo qual nos submetemos uns aos outros e por isso, na falta dela supõe-se que ninguém se tenha submetido a coisa alguma"[52].

Define pacto (*compact*) como "o ato de dois, ou mais, que mutuamente se transferem direitos" ressaltando, mais adiante que "não tem validade um pacto de não resistir a quem venha prejudicar o meu corpo". Esta passagem, anota Renato Janine Ribeiro[53] trata de tema – chave em Hobbes mas, estranhamente, muito pouco estudado. Este é um dos pontos mais

[50] Luiz Roberto Barroso, "Curso de Direito Constitucional Contemporâneo", 2ª Edição, Saraiva, São Paulo, 2011, p. 75, n. 5.

[51] Thomas Hobbes, "Do Cidadão", op. cit., pp. 45, 220.

[52] Hobbes, op. cit., p. 117. "Por segurança se entende toda a espécie de conforto, não a mera preservação da vida em qualquer condição que seja, mas com vistas à sua felicidade". (pp. 221-222). A Declaração da Independência norteamericana, de 4/7/1776 vai conter também essa palavra, "felicidade", ao afirmar: "... que todos os homens foram criados iguais; que lhes conferiu o Criador certos direitos inalienáveis, entre os quais o de vida, de liberdade e o de procurar a própria felicidade".

[53] "Do Cidadão", op. cit. pp. 50,56-57. Em nota n. 6 à p. 50, Renato Janine Ribeiro esclarece: "Hobbes usa aqui (final do parágrafo, item 9) a palavra *covenant*, sendo que no título desta seção empregou *compact*; não há diferença para ele entre as duas palavras, que podemos utilizar indistintamente como "pacto" ou convenção"; por facilidade, porém, preferiremos a primeira solução".

originais de sua filosofia, pelo qual ao mesmo tempo que ele concede ao soberano um poder ilimitado também reconhece ao súdito um direito irrestrito aos meios que conservem sua vida. Hobbes retoma a questão no Cap. XXI do Leviatã".

"A ideia dominante" explica Bobbio[54], a respeito de Hobbes e sua obra:

> "Ainda não tendo sido nunca um político militante Hobbes escreveu sobre política a partir do problema real e essencial de seu tempo: o problema da unidade do Estado, ameaçada por um lado pelas discórdias religiosas e o enfrentamento das duas potestades e por outro, pelas dissensões entre a Coroa e o Parlamento e pela disputa em torno da divisão de poderes. O pensamento político de todos os tempos está dominado por duas grandes antíteses: opressão/liberdade, anarquia/unidade. Hobbes pertence decididamente à facção daqueles cujo pensamento político se inclina pela segunda antítese. O ideal que defende não é o da liberdade contra a opressão, senão o da unidade contra a anarquia. Hobbes está obcecado pela ideia da dissolução da autoridade, pela desordem que segue à liberdade de dissensão sobre o justo e o injusto, pela desagregação da unidade do poder, destinada a produzir-se quando se começa a sustentar que o poder tem de ser limitado; (...) dito brevemente, pela anarquia, que é o regresso do homem ao estado de natureza".

E explicita: "O mal ao que mais teme, e contra o qual se sente chamado a erigir a suprema e insuperável defesa de seu próprio sistema filosófico, não é a opressão, que deriva do excesso de poder, senão a insegurança, que pelo contrário, deriva dos vícios do poder. Ante tudo, a insegurança na vida, que é o *primum bonum*, e logo a insegurança dos bens materiais, e finalmente também a insegurança daquela pouca ou muita liberdade que a um homem se lhe concedeu usufruir na sociedade".

Comentando a obra de David Lewis("Convention, a Philosophical Study"), Francisco J. Laporta[55] refere-se às *convenções*: uma sociedade sufi-

[54] "Thomas Hobbes", México, Fondo de Cultura Econômica", 1995, pp. 36-37. Tradução livre.

[55] "Filosofia del Derecho y norma constitucional: una aproximación preliminar", *in* "Constitución: problemas filosóficos", Madrid, Centro de Estúdios Constitucionales, 2003. "Para alcançar esse objetivo cada um dos agentes terá de atender às recíprocas expectativas de conduta "e tender cada um deles a comportar-se como os demais esperam que se comporte sob a condição de que cada um deles espere que os demais esperem que se comporte dessa maneira e os demais esperem que se comporte assim. Esse tecido de expectativas (...) pode ser criado encontrando esse equilíbrio de coordenação que pode ser um acordo explícito

cientemente homogênea em transição política. Trata-se de um problema de coordenação: uma situação na qual todos ou a maioria dos atores têm interesses coincidentes (positivos, é dizer, orientados para um objetivo, ou negativos, isto é, que tratam de evitar um resultado indesejável) e a satisfação desses interesses coincidentes dependerá da coordenação de suas condutas, sendo necessário encontrar solução na forma de uma pauta comum de conduta. É um momento de *criação* e um critério ou uma diretriz "capaz de gerar em torno de si esse tecido, de expectativas recíprocas. E esse critério pode ser a proposta de um *texto constitucional*".

Laporta refere, ainda, a obra de John Searle ("The Construction of Social Reality") a respeito "dos chamados "fatos institucionais", fatos produzidos por estados internacionais compartilhados ou de uma "intencionalidade coletiva" que consistem "em atribuir certas funções a certas entidades".

Conclui então que, independendo discutir o Poder Constituinte Originário, nas origens da Constituição, senão "um problema coletivo de coordenação ao qual se oferece uma solução mediante a proposta de uma regra constitutiva em torno da qual possa tecer-se uma rede de expectativas *recíprocas* compartilhadas, seria suficiente para criar uma constituição como fato institucional. A partir dela um complexo de condutas que configuram a vigência de uma ordem constitucional, e a partir dela uma nova base para a ordem jurídica".

Enfoque diferenciado da clássica discussão do Poder Constituinte Originário – origens e limitações, a postura evidenciada por Laporta sublinha a ideia do pacto fundacional e suas circunstâncias.

Hoje arguimos o princípio da segurança pelo qual o Estado justifica-se, na sua existência e no seu poder, pelo dever de assegurar "o direito à inviolabilidade da vida, liberdade, igualdade, segurança e propriedade" (*art. 5º, caput*) e suas decorrências, pelo pacto designado "Constituição", lei superior.

(...) tomado como pauta de conduta. Se essa pauta tem êxito e alcança a coordenação, se auto reforça, transforma em precedente válido e chega a criar uma convenção: cada vez que os atores se encontrem num problema de coordenação similar tenderão a comportar-se de acordo com esse critério, para resolvê-lo. Assim se desemboca numa regularidade da conduta dos membros do grupo: quase todos se conformam com essa conduta, quase todos esperam que os outros o façam e quase todos preferem fazê-lo sob a condição de que os demais o façam. Isto é o que Lewis chama *convenção*" (pp. 27-29). Tradução livre.

Qual a feição do pacto fundacional – e nisto, uma indagação *ab initío*, se Hobbes, se Rousseau, se Rawls?

Sabemos de Hobbes, a fundamentação do poder absoluto e a lei máxima do Estado; e particularmente nos escritos de Montesquieu e Rousseau, as ideias políticas do século XVIII.

Como analisar, hoje, o pacto fundacional?

Uma opção fixa-se em Rawls[56] que propõe "a ideia central da justiça como equidade, uma teoria da justiça que generaliza e eleva a um nível superior de abstração a tradicional concepção do contrato social".

Primeiramente, um esclarecimento e uma advertência: "o contrato é substituído por uma situação inicial que introduz determinadas limitações do processo de condução "a um acordo inicial sobre os princípios da justiça" – analisando, então, "as concepções utilitarista clássica e intuicionista da justiça, que contrapõe à *teoria da justiça como equidade*, com o objetivo declarado de "produzir uma teoria da justiça que constitua uma alternativa viável a estas doutrinas, as quais há muito dominam a nossa tradição filosófica".

Bem – estar e justiça sociais são os parâmetros da Ordem Social, pela imperatividade da Constituição de 1988, art. 193 – "A ordem social tem como base o primado do trabalho, e como objetivo o bem-estar e a justiça sociais".

[56] John Rawls, "Uma Teoria da Justiça", Presença, Lisboa, 1993, pp. 27 e segs. "O que distingue a teoria da justiça como equidade é a forma como caracteriza a situação inicial, o cenário em que surge a condição da unanimidade. Uma vez que se pode interpretar em termos kantianos a posição original, esta concepção da justiça tem efetivamente afinidades com o idealismo. Kant quis dar uma fundamentação filosófica à ideia de Rousseau sobre a vontade geral. A teoria da justiça, por seu turno, tenta fazer uma apresentação natural, de natureza processual, da concepção kantiana do reino dos objectivos, bem como das noções de autonomia e de imperativo categórico (§ 40). Deste modo, a estrutura subjacente à doutrina de Kant, é liberta do contexto metafísico, de forma a poder ser vista com maior clareza e apresentada relativamente livre de objeções. Há uma outra semelhança com o idealismo: a teoria da justiça como equidade reserva um lugar central para o valor da comunidade e o modo de o fazer depende da interpretação kantiana. Discuto este aspecto na parte III. A ideia essencial é que os valores sociais, o bem intrínseco das actividades comunitárias institucionais e associativas, são analisados mediante uma concepção da justiça que, nas suas bases teóricas, é individualista. Por razões de clareza, entre outras, não quero apoiar-me num conceito indefinido de comunidade, nem supor que a sociedade é um todo orgânico com uma vida própria distinta e superior à de todos os seus membros nas relações que estabelecem entre si. Assim, a concepção contratual da posição original é estabelecida em primeiro lugar. Esta é razoavelmente simples e o problema da escolha racional que coloca é relativamente preciso. É a partir desta concepção, por mais individualista que possa parecer, que temos de explicar o valor da comunidade. Do contrário, a teoria da justiça não pode triunfar."(p. 213).

Rawls expõe os princípios da justiça como para uma determinada associação de pessoas – a sociedade, na qual surgem conflitos de interesses, em razão da distribuição de benefícios:

> "É necessário um conjunto de princípios que permitam optar por entre as diversas formas de ordenação social que determinam esta divisão de benefícios, bem como obter um acordo sobre a repartição adequada dos mesmos. Estes princípios são os da justiça social: são eles que fornecem um critério para a atribuição de direitos e deveres nas instituições básicas da sociedade e definem a distribuição adequada dos encargos e benefícios da cooperação social."[57]

Assim, afirma Rawls, dir-se-á uma "sociedade bem ordenada" quando não somente dirigida para "aumentar o bem dos respectivos membros" mas "também efectivamente regida por uma concepção pública da justiça". Ou seja, "trata-se de uma sociedade em que, por um lado, cada um aceita, sabendo que os outros também aceitam, os mesmos princípios da justiça e, por outro em que, no geral, as respectivas "instituições básicas satisfazem esses princípios, "sendo reconhecidas como tal".[58]

1.2. Os dois princípios da justiça (Rawls)[59]

Uma primeira apresentação "ainda provisória" é a seguinte:

> "Primeiro
>
> Cada pessoa deve ter um direito igual ao mais extenso sistema de liberdades básicas que seja compatível com um sistema de liberdades idêntico para as outras.

[57] "Se as inclinações humanas se orientam para a prossecução do interesse próprio, tornando necessária a vigilância mútua, o seu sentido público da justiça torna a associação de todos possível e segura. Entre sujeitos com objetivos e fins díspares, a partilha de uma concepção comum da justiça estabelece os laços da amizade cívica; o anseio geral de justiça limita a prossecução de outros fins. Pode considerar-se que uma concepção pública da justiça constitui a regra fundamental de qualquer associação humana bem ordenada". (p. 28).

[58] Op. cit., p. 28.

[59] Fernando Schüler (*in* Folha de S. Paulo, 11-2-2021, p. A9) comenta: "Rawls em tempo de barricadas: Sua teoria é ainda mais atual quando nos lembra sobre limites do contrato político. Imagine: você é convidado a decidir sobre os princípios que irão reger a sociedade. Direitos, liberdades, igualdade, o que for. Você conhece economia e as motivações humanas. Só não sabe quem é. Se é homem ou mulher, religioso ou ateu. Se é um tipo audacioso, como Elon

Segundo

As desigualdades econômicas e sociais devem ser distribuídas por forma a que, simultaneamente: (a) se possa razoavelmente esperar que elas sejam em benefício de todos; (b) decorram de posições e funções às quais todos têm acesso"[60].

Mais adiante, Rawls refere, então, "a formulação final dos princípios da justiça aplicáveis às instituições", incluindo as definições anteriores:

Musk, ou avesso ao risco. Que princípios de justiça você escolheria? Esse desafio atiçou a imaginação de gerações de intelectuais no último meio século. John Rawls o chamou de escolha sob o véu da ignorância. Ele está lá em sua obra-prima, "Uma Teoria da Justiça", de 1971, e que completa seu cinquentenário. (...) A resposta de Rawls tornou-se ponto de referência no debate liberal. Naquela situação de incerteza, diz, trataríamos de assegurar liberdades e oportunidades básicas para todos. E admitiríamos desigualdades econômicas, desde que elas produzissem maiores vantagens aos menos favorecidos ao longo do tempo. Rawls formulou sua tese nos anos 1960, época dos direitos civis e da "grande sociedade", de Lyndon Johnson. Os anos pós-Rawls foram marcados pela explosão da riqueza no mundo globalizado, pela integração planetária produzida pela internet, pela redução da pobreza global ao custo de uma maior desigualdade. Sua teoria prossegue válida? Muita gente acha que não. (...) Vai aí a primeira grande lição de Rawls: somos uma sociedade cindida por um conflito ético, em sentido amplo, e nesse terreno não há acordo possível. (...)O acordo possível se dá no terreno da política. E nesse sentido o experimento de "desenraizamento" que ele nos propõe permanece válido. Uma segunda lição diz respeito à justiça econômica e gira em torno de seu "princípio da diferença". (...)Aqui é preciso evitar alguns equívocos de interpretação. Li em um artigo recente que Rawls aceitaria alguma "recompensa extra aos superprodutivos", mas vetaria coisas como um contrato milionário de Lionel Messi (fiquei imaginando por que não a fortuna de Jeff Bezos).Completo equívoco. Sua teoria não diz respeito a esta ou aquela transação econômica. Não importa o salário de um jogador ou o resultado de uma empresa, desde que o arranjo econômico atenda ao critério ético. A contínua abertura de oportunidades aos desfavorecidos, e não uma teoria mesquinha sobre o quanto cada um pode ganhar. A justiça, dizia, não exige conformidade a qualquer "padrão observável" de igualdade. (...) O que me parece certo é que sua teoria prosseguirá sendo lida e discutida mesmo quando nossos rancores e desavenças já fizerem, há muito, parte do passado."

[60] John Rawls, op. cit., p. 68. "Através dos dois princípios da justiça deve ser efetivada a distribuição equitativa de bens primários (*primary goods*) isto é, bens básicos para todas as pessoas, independentemente de seus projetos pessoais de vida ou de suas concepções do bem", explica Nythamar de Oliveira ("Rawls"), Jorge Zahar Editor, Rio de Janeiro, 2003, p. 17". Acrescentando: "Rawls frequentemente enfatiza que os mais fundamentais de todos os bens primários são o auto – respeito (*self – respect*) e a auto – estima (*self – steem*), acompanhados das liberdades básicas, rendas e direitos a recursos sociais como a educação e saúde".

"Primeiro princípio

Cada pessoa deve ter um direito igual ao mais amplo sistema total de liberdades básicas iguais que seja compatível com um sistema semelhante de liberdades para todos.

Segundo princípio

As desigualdades econômicas e sociais devem ser distribuídas por forma a que, simultaneamente:

a) redundem nos maiores benefícios possíveis para os menos beneficiados, de uma forma que seja compatível com o princípio da poupança justa, e;

b) sejam a consequência do exercício de cargos e funções abertos a todos em circunstâncias de igualdade equitativa de oportunidades".

Acrescenta, então:

Primeira regra de prioridade (Prioridade da liberdade).

Os princípios da justiça devem ser ordenados lexicalmente e, portanto, as liberdades básicas podem ser restringidas apenas em benefício da própria liberdade.

Há duas situações:

a) uma restrição da liberdade deve fortalecer o sistema total de liberdade partilhado por todos;

b) as desigualdades no que respeita à liberdade devem ser aceitáveis para aqueles a quem é atribuída a liberdade menor.

Segunda regra de prioridade (Prioridade da justiça sobre a eficiência e o bem - estar)

O segundo princípio da justiça goza de prioridade lexical face aos princípios da eficiência e da maximização da soma de benefícios; e o princípio da igualdade equitativa de oportunidades tem prioridade sobre o princípio da diferença. Há dois casos:

a) qualquer desigualdade de oportunidades deve melhorar as daqueles que dispõem de menos oportunidades;

b) uma taxa excessiva de poupança deve, quanto ao resultado final, melhorar a situação daqueles que a suportam".[61]

Sabe-se que os princípios da justiça, assim enunciados, demandam outras concepções da teoria de Rawls, como o denominado "véu da igno-

[61] John Rawls, op. cit., p. 239.

rância", uma situação pressuposta em que os participantes do contrato aceitam desconsiderar os bens que possuem a fim de que a igualdade de posição se faça completa e, portanto, a liberdade de contratar efetivamente se estabeleça.

> "Em resumo" explicita Rawls, "o ponto essencial é que, apesar das características individualistas da teoria da justiça como equidade, os dois princípios da justiça não dependem de forma contingente dos desejos existentes ou das condições sociais presentes. Podemos, assim, derivar uma concepção de estrutura básica justa e um ideal da pessoa que com ela seja compatível e que possa servir como padrão para avaliar as instituições e para orientar a direção geral da mudança social. Paraencontrar um ponto de Arquimedes, não é necessário apelar para princípios apriorísticos ou perfeccionistas. Assumindo que certos desejos gerais são desejos de bens sociais primários e tomando como base os acordos que poderão ser obtidos numa situação inicial devidamente definida, podemos alcançar a necessária independência face às circunstâncias existentes. A posição original é caracterizada de forma a que a unanimidade seja possível; as decisões de uma pessoa são típicas de todas. Além disso, o mesmo se aplica aos juízos ponderados dos cidadãos de uma sociedade bem ordenada que seja efetivamente regulada pelos princípios da justiça. Todos possuem um sentido da justiça semelhante e, sob este aspecto, uma sociedade bem ordenada é homogênea. A discussão política apela a este consenso moral"[62].

A genialidade de Rawls reside, num primeiro momento, em admitir que as desigualdades econômicas e sociais permanecerão e, em seguida, propor o modo de enfrentá-las, a igualdade equitativa de oportunidades a todos – a partir de uma postura em que se ignore, ao pactuar, a condição (desigual) de cada um pois de outra maneira (o pensamento no que se possui) será impossível qualquer acordo – tudo, entretanto, na base da igualdade original dos seres humanos, na sua qualidade de humanos.

Contudo, mesmo pactuando naquelas condições – e nisto vemos outra excepcional idéia de Rawls – as desigualdades permanecem e então, pelo segundo princípio, serão admitidas, "se em benefício de todos", abrindo-se a todos o acesso a cargos e funções (em razão dos quais as desigualações ocorrem) para, então, igualar.

[62] Idem, p. 212.

As instituições garantirão esse *status* e a Constituição, por sua vez, passa a ser o repositório dessas instituições.[63]

1.3. Platão e "as leis"

Werner Jaeger[64] explica que: *a lei*, em que se baseava a *polis* grega, não era um simples decreto, "senão o *nomos* que originariamente significava o conjunto do que todos respeitavam como costume vivido acerca do que é justo ou injusto" e que a "virtude cívica" vem significar "estar educado no espírito das leis" – frase que, segundo o autor, aparece repetidamente em Platão, Aristóteles e outros autores que se ocuparam do aspecto político da educação. "Esquilo, nas "Eumênidas", refere "o *temor* à lei e a sua majestade".

Platão, enfim, traz a descoberto um aspecto do declínio da *polis*, em sua época": "a ambigüidade de que vinha sofrendo a vida da comunidade estava implícita na concepção mesma da lei – que então imperava. Apesar dos louvores dos sofistas e pactos da época e a generalidade dos políticos, produzia-se uma tendência cada vez mais acusada de socavar sua validez formalizando-a e convertendo – a em mera convenção relativa a diferentes grupos. (...) A lei parece converter-se em simples função do poder. Isto é o que ensinavam os sofistas. Vemos confirmar-se isso na dissolução gradual da antiga fé grega no direito"[65].

Platão, portanto, restabelecendo "a tradicional ideia grega de que a justiça é a expressão da norma inerente à natureza mesma", explicita:

"A autoridade da lei, sua suprema validez, decorre da "reta razão" (*orthos logos*) e o legislador é o sábio que põe esta razão por escrito. O consenti-

[63] Em "A idéia de Justiça" (São Paulo, Companhia das Letras, 2011, Introdução), Amartya Sen analisa Rawls e outros autores, propondo "uma mudança substancial nas teorias da justiça predominantes nos dias de hoje". Como tema de seu livro, conforme esclarecido na apresentação, a partir do trabalho pioneiro de John Rawls (1921 - 2002), um de seus mentores e autor central da atual filosofia política, Sen baseia esta inspiradora teoria da justiça na noção de equidade (*fairness*). Suas premissas consistem no reconhecimento de que as pessoas, embora sejam iguais perante a lei, possuem necessidades, capacidades e desejos distintos. A promoção da equidade na justiça, segundo Sen, é o caminho político a ser seguido para a diminuição das brutais desigualdades sociais e econômicas do mundo contemporâneo bem como para a universalização de suas liberdades democráticas".

[64] "Alabanza de la ley", Madrid, Centro de Estúdios Constitucionales, 1982, pp. 36-37, 39. Tradução livre.

[65] Idem, pp. 50-51.

mento do povo converte essa palavra escrita em lei. A lei é, portanto, pensamento racional (*logismós*) que se converteu em *dogma poleos*, é dizer, que foi sancionado pela cidade(*polis*)".[66]

O que se atribui *à lei*, no sentido platônico, estende-se à Constituição. Platão, contudo, em "A República"[67] adverte claramente: "Constituições e leis não têm, realmente, força coerciva se não são a expressão de leis previamente moldadas no espírito dos cidadãos. Sem esse suporte moral a própria força de um Estado torna-se no seu perigo inerente".

Jaeger refere-se igualmente à tradição da lei e do conceito de justiça referido à realidade das coisas. Em Heráclito dois fragmentos, principalmente:

> "Se o sol se desviasse de sua órbita, as Erínias, mensageiras da Justiça, saberiam encontrá-lo".

"A lei era, para Heráclito, a expressão mais alta do império da razão na existência humana como se deduz de outro de seus aforismas", supra citado:

> "O povo deve lutar por suas leis como pelas muralhas".

E então comenta:

> "A salvação da cidade depende de que as leis se mantenham incólumes. A lei é a muralha espiritual que protege a vida de uma comunidade e não pode ser salvaguardada com a simples defesa das muralhas de pedra que rodeiam a cidade se ao mesmo tempo se derrubam as leis que sustentam sua estrutura interna.
>
> A lei é o fundamento invisível sobre o qual descansam os membros de uma comunidade. Ela os torna fortes, porquanto forja, com indivíduos de si mesmos frágeis, uma *polis* unificada.
>
> O mesmo ocorre, segundo Heráclito, em todo o universo.
>
> (...) Isso implicava que todo ser individual desempenha seu papel no mundo, como todo cidadão de uma *polis* grega desempenha o seu na vida constitucional da sua comunidade".[68]

[66] Ibidem, op. cit. p. 65.

[67] *Apud* Ernst Cassirer, "O mito do Estado", Rio de Janeiro, Zahar, 1976, p. 93.

[68] W. Jaeger, op. cit., pp. 30-31.

Quando se refira, portanto, "o espírito das leis", há necessidade de rememorar e trazer, para o presente, cada vez, a ideia grega do Direito e da Justiça, como a fonte cristalina e eterna da máxima expressão da *ratio* humana – que torna o homem – e somente torna o homem, *ser humano*. Portanto, diferenciado em essência e qualificação[69].

1.4. Constituição e Estado: o *pacto fundacional*

É a Constituição o pacto fundacional, que permite e estimula a existência humana em coexistência, sobrepairando as sociedades.

Ainda Jaeger e os gregos, conforme referência à *cidade*:

> "Em toda a literatura grega encontramos inumeráveis reflexos da alta estima que os gregos dos mais diversos matizes políticos, sentiam pela *polis*, sua forma característica de Estado. A atitude da mentalidade moderna frente a essa valoração grega do Estado, que é indiscutível como fato histórico, variou muito, desde a admiração de Hegel, à crítica amarga do ideal da antiga *polis* por Jacob Burckhardt. (...) Não pretendemos fazer-nos cargo aqui da questão.
>
> Mas convém não esquecer, a esse respeito, que a *polis* devia seu lugar preeminente na nação grega, e especialmente na democracia ateniense, ao fato de que o Estado confundia-se com a ordem legal pela qual o povo grego havia lutado durante séculos"[70].

Essa ordem legal promana da Constituição e o Estado conforma-se "como ordem jurídica soberana", pela Constituição (Dallari[71]).

[69] Importante consignar, conforme registra Abbagnano("Dicionário de Filosofia", Martins Fontes, São Paulo, 1998)": "*Heraclitismo*: Indica-se, com este termo, o ponto mais relevante da doutrina de Heráclito de Efeso(V. a. C.), ou seja, o princípio do devir incessante das coisas, expresso no famoso fragmento L: "Não é possível entrar duas vezes no mesmo rio, nem tocar duas vezes uma substância mortal no mesmo estado, graças à velocidade do movimento, tudo se dispersa e se recompõe novamente, tudo vem e vai".(Frag., 91, Diels). Heráclito, todavia, admitia um princípio único, subjacente ao movimento: o fogo; admitia, outrossim, uma ordem rigorosa nas mudanças, que garantia um retorno constante e periódico". Registra Simon Blackburn ("Dicionário Oxford de Filosofia", Jorge Zahar, Rio de Janeiro, 1997): "Heráclito estava provavelmente mais interessado nos processos equilibrados e uniformes (...) O primado do *logos* eterno e divino, e o contraste entre o mundo instável da aparência e a ordem que está por detrás dele exerceram uma enorme influência em Platão e mais tarde nos estóicos".

[70] Op. cit, pp. 34-35.

[71] Dalmo de Abreu Dallari, "Elementos de Teoria Geral do Estado", Saraiva, São Paulo, 2012, p. 122: "Estado é a ordem jurídica soberana que tem por fim o bem comum de um povo situado em um determinado território".

Na sua Apresentação à "Teoria do Estado" de Karl Doehring[72], Ingo W. Sarlet destaca que a obra "apresenta como algumas das suas principais virtudes o diálogo da Teoria do Estado com a Teoria da Constituição e com o Direito Constitucional, explicitando e explorando as diversas partes que os ligam e que praticamente não têm sido percorridas".

Há uma "genética vinculação entre Estado e Constituição": verifica-se que a própria crise do Direito, dos direitos e da Constituição, guarda direta relação com a crise do Estado".

Assim, para Doehring[73] "Estado", no sentido do Direito Constitucional – apresentará as características que derivam dos seus ordenamentos constitucionais esclarecendo que esse conceito "só é possível por meio de uma observação externa do Estado, ou seja a partir do direito internacional" e passa a examinar os elementos do Estado, os quais fazem constatar sua existência como tal.

O questionamento em referência escapa às finalidades deste estudo, cabendo destacar, no entanto, a reconhecida vinculação Constituição/Estado, isto é, ambos surgem do estabelecimento de normas jurídicas mediante o comprometimento das pessoas sob a égide do que denominam *pacto fundacional*[74] e como decorrência do direito imanente a todo grupo humano – *qua* humano "que, de maneira objetiva, possua características essenciais semelhantes, como língua, religião, cultura ou também etnia" e "um desejo subjetivo de tal associação humana em preservar essas características – pois de outro modo ela não seria merecedora de proteção", em termos de um direito de autodeterminação.[75]

Nesse desiderato, a elaboração da Constituição – para o citado Konrad Hesse, "a ordem jurídica fundamental da Comunidade"[76] deve ter em foco "o condicionamento recíproco existente entre a Constituição e a realidade político – social e, nesse contexto, os limites e possibilidades da atuação da Constituição jurídica, os pressupostos de eficácia da Constituição".

"A força normativa da Constituição", prossegue Hesse[77], "não reside tão somente, na adaptação inteligente a uma dada realidade. Embora a

[72] Del Rey, Belo Horizonte, 2008, pp. XIII, XVII.

[73] Idem, pp. 35-36.

[74] Ibidem, pp. 27, 87-88.

[75] Op. cit., p. 219.

[76] Op. cit., pp. 70,71. Tradução livre.

[77] Op. e loc. cits., p. 16. Tradução livre.

Constituição não possa, por si só, realizar nada, ela propõe tarefas. E transforma-se em força atuante quando essas tarefas são assumidas: quando na consciência geral e, especificamente, na consciência "dos responsáveis da vida constitucional", encontra-se, sobretudo, a "vontade de Constituição".

Essa "vontade de Constituição" acrescenta, ainda, origina-se de três raízes: a consciência da necessidade e do valor específico de uma ordem objetiva e normativa inviolável que afaste a vida estatal da arbitrariedade desmedida e disforme. A convicção de que essa ordem estabelecida pela Constituição é algo mais do que uma ordem exclusivamente fática, demandando por isso contínua legitimação. Assenta-se, por consequência "na consciência de que esta ordem não pode ter a vigência de uma lei concebida pelo intelecto à margem da vontade humana senão que somente pode adquirir e conservar sua vigência mediante atos de vontade.

Tal vontade tem consequência "operante porque a vida política, como tudo na vida humana, não está entregue somente à ação surda de forças aparentemente inelutáveis senão que estamos chamados a conformá-la ativamente, fixando-nos e logrando objetivos com relação a ela".[78]

Conforme se constata, palavras esclarecedoras e incontornáveis, sobre a vinculação Constituição / Estado / Sociedade.

O presente estudo desenvolve-se, portanto, a partir de uma ideia embrionária, inicial, – de que a Constituição *funda o Estado* e, única e fundadora, as Constituições posteriores, quando houver, representarão atualizações da primeira e originária, em consonância com a dinâmica social, adequadas ao tempo (Canotilho), incompletas e inacabadas (Hesse).

A "vontade de Constituição" surge também no limiar do Estado pois a Constituição "cria ou reconstrói o Estado" esclarece Barroso[79]: "organizando e limitando o poder político, dispondo acerca de direitos fundamentais, valores e fins públicos e disciplinando o modo de produção e os limites de conteúdo das normas que integrarão a ordem jurídica por ela instituída. Como regra geral, terá forma de um documento escrito e sistemático, cabendo-lhe o papel, decisivo no mundo moderno, de transportar o fenômeno político para o mundo jurídico, convertendo o poder em Direito".

Sobretudo, *normativa*, conforme se firmou "o pensamento constitucional contemporâneo", expressa Barroso.

[78] Konrad Hesse, op. cit., p. 71. Tradução livre.

[79] "Curso de Direito Constitucional Contemporâneo" op. cit., pp. 75-76, 81.

Por consequência, certos elementos de essência fundacional permanecerão, através dos tempos, a identidade nacional, em formação constante, a feição do Estado / Sociedade (estrutura e competências) e os direitos e garantias fundamentais[80].

"Permanência e mudança na Constituição"[81]

"A permanência da Constituição é ideia inspiradora do constitucionalismo moderno. Concebeu-se o texto constitucional como documento que deveria durar indefinidamente no tempo e para assegurar sua duração as Constituições do século XVIII organizaram complexo processo de defesa e de proteção, que tornava a mudança constitucional hipótese distante e cuja efetividade dependeria da transposição das regras dilatórias do sistema e defesa. As Constituições Revolucionárias Francesas de 1791 e 1795 oferecem o modelo dessa dupla inspiração: a duração indefinida e a mudança difícil, lenta e complexa. A Constituição de 1791, exprimindo a crença na permanência e na imutabilidade constitucional temporária, só admitia o início da revisão após decorridos dezoito anos da deliberação que inaugurava o longo percurso da Assembleia de Revisão, intercalado de período de completa abstinência deliberativa, em matéria constitucional, para reflexão e amadurecimento da reforma. (...) As severas cautelas dessas formas exacerbadas de proteção não evitaram a vigência fugaz dessas Constituições, cujo sistema de defesa não deteve as

[80] Nelson Saldanha, (*in* "A Formação da Teoria Constitucional", Forense, Rio de Janeiro, 1983. Introdução), refere-se à "fixação de uma *teoria* ou de *um pensamento constitucional*". (...) "Uma forma de pensamento político, que é também jurídico; ocorre num determinado tipo de contexto, corresponde a um tipo de Estado, supõe como correlato algumas implicações especificas", sendo possível "dizer que 'em sentido amplo' a constituição é algo essencial ao Estado e todo Estado sempre teve constituição" (...) "Sobre a continuidade ou permanência da teoria constitucional podemos falar com dois alcances. De um certo modo, há uma continuidade entre o pensamento medieval e o moderno – contemporâneo, no atinente à ideia de limitação do poder, portanto, à ideia de um 'enquadramento' constitucional do poder, em conexão com a de uma pertinência do poder ao povo (...) Há, portanto, um modo fundamental e como que 'universal' de considerar o papel da constituição, que informa os diversos estágios ou angulações / oscilações da moderna teoria constitucional. (...) Através da estrutura constitucional é que se considera juridicamente inteligível a atuação dos órgãos estatais; através dos componentes da constituição se deduzem e se revelam as implicações sócio – culturais da vida política".

[81] Raul Machado Horta, *in* "Cadernos de Direito Constitucional e Ciência Política", Ed. Revista dos Tribunais, São Paulo, n. 1/1992, pp. 209 e segs.

ondas encapeladas do movimento revolucionário. (...) A Constituição dos Estados Unidos de 1787, documento que inaugurou o constitucionalismo escrito do século XVIII, não envolveu a revisão constitucional no extenso formalismo das Constituições Francesas de 1791 e 1795.

(...) Não adotando o ritualismo normativo do processo de emenda constitucional, que se revelaria posteriormente nas mencionadas Constituições Francesas, o modelo norte-americano construiu os fundamentos da rigidez constitucional, organizou a técnica da Emenda à Constituição e ofereceu as primeiras manifestações da intangibilidade de matérias constitucionais, subtraindo-as à atividade do órgão constituinte de emenda ou revisão, seja de forma temporária ou permanente.

(...)A Constituição do Império do Brasil de 1824, não obstante a semi-rigidez do documento, consignada na regra do art. 178, que identificava a matéria constitucional e a matéria não-constitucional, sujeita esta última às alterações que fossem introduzidas pela Legislatura ordinária, adotou a intangibilidade temporária e aderiu ao diferimento no tempo do processo de reforma. A proposição de reforma deveria aguardar o decurso de quatro anos, após o juramento da Constituição (art. 174). A reforma de artigos do texto seria precedida de lei, na qual se ordenaria aos eleitores da seguinte legislatura que conferissem aos eleitos a especial faculdade para a alteração ou reforma da Constituição. Dois aspectos merecem destaque no procedimento previsto na Constituição Imperial de 1824: o relativismo do texto, discriminando a matéria constitucional e a matéria não-constitucional, para autorizar as alterações desta última na via da legislação ordinária, flexibilizando a Constituição, e a inspiração democrática da regra que determinava a audiência previa dos eleitores, para atribuir aos Deputados da nova legislatura os poderes da reforma.

(...) O acatamento à Constituição ultrapassa a imperatividade jurídica de seu comando supremo. Decorre, também, da adesão à Constituição, que se espraia na alma coletiva da Nação, gerando formas difusas de obediência constitucional. É o domínio do sentimento constitucional."

Na excelente análise contida na "Teoria de la Constituciòn" (...) observou Karl Loewenstein que a reforma constitucional exprime o rompimento do compromisso que mantem o equilíbrio entre os grupos sociais, a Sociedade e o Estado (...) Sob o ângulo de sua validez, e necessidade assinala, qualquer reforma constitucional mesmo a de natureza puramente técnica, concorre para despreciar o sentimento constitucional do povo. A expressão sentimento constitucional, designa comportamento psicológico e sociológico de existencialismo político. É a consciência solidarizante da comunidade que integra os detentores e os destinatários do poder na Constituição.

O sentimento constitucional, que envolve a valorização sentimental da Constituição, é incompatível com a indiferença popular em relação à Constituição. O desconhecimento, a ignorância, o desprezo e o desrespeito sistemático à Constituição negam o sentimento constitucional[82].

Fica, assim, registrada a lição muito atual de Machado Horta nesse estudo de 1.992, quando se refere à "desvalorização da Constituição" e à "erosão da consciência constitucional" - que, segundo Loewenstein também decorre da indiferença pela Constituição, em contraste com os sentimentos que dominaram o período inicial do constitucionalismo moderno"[83].

[82] Op. cit, pp. 199-200.
[83] Op. cit., pp. 213-214.

Capítulo 2
O Poder Constituinte

2.1. A formação da "vontade do Povo"

Refere Celso Bastos[84] que: "O Estado – entendido, portanto, como uma forma especifica de sociedade política – é o resultado de uma longa evolução na maneira de organização do poder. Ele surge com as transformações por que passa a sociedade política por volta do século XVI. Nessa altura, uma série de fatores, que vinham amadurecendo ao longo dos últimos séculos do período medieval, torna possível – e mesmo necessária – a concentração do poder numa única pessoa. É esta característica a principal nota formadora do Estado Moderno. O poder torna-se mais abrangente. Atividades que outrora comportavam um exercício difuso pela sociedade são concentradas nas mãos do poder monárquico que assim passa a ser aquele que resolve em última instância os problemas atinentes aos rumos e aos fins a serem impressos no próprio Estado".

Citando Jorge Miranda:

> "Falar em Estado equivale portanto, a falar em comunidade e em poder organizado (...) O Estado é comunidade e poder juridicamente organizados (...), pois só o Direito permite passar, na comunidade, da simples coexistência à coesão convivencional e, no poder , do facto à instituição".

Poder Constituinte que "significa poder de elaborar uma Constituição. Sendo esta o primeiro documento jurídico do Estado e fundamento de validade de todos os demais, negam os normativistas a natureza jurídica

[84] Celso Ribeiro Bastos, "Curso de Direito Constitucional", 20ª edição, 1999op. cit., pp. 5-6, nota 3.

desse poder, reconhecendo-lhe a sua faticidade histórica, suscetível de ser estudada por outros ramos do saber como força ou energia social. Autores há, entretanto, que sustentam a juridicidade do poder constituinte, com base na tese jusnaturalista".

O traço fundamental do Poder Constituinte, que o discrimina de outras fontes produtoras do direito, é o fato de não encontrar seu fundamento em qualquer norma jurídica anterior: "O problema da titularidade", comenta, ainda, Celso Bastos[85], "se resolve logicamente a partir de que o poder constituinte é legitimado pela própria idéia de direito que ele exprime. Ele perde a sua eficácia no momento mesmo em que essa idéia de direito deixa de ser dominante no grupo. Como não existe um poder constituinte abstrato, determinável *a priori*, para qualquer sociedade, segue-se que, em cada coletividade, o titular desse poder é o indivíduo ou grupo no qual se encarna a idéia de direito, em um dado momento".

O Poder Constituinte – e deste modo designaremos sempre o *originário* – "uno, pleno e indiviso", como o caracteriza Recaséns Siches[86] e não sujeito na sua atuação a normas ou procedimentos jurídicos prévios" e "a norma constitucional que serve de base unitária a um sistema jurídico apoiam-se, em última instância, sobre algo superior a todo Direito estabelecido, sobre um fenômeno real de existência política".

Assim é que "todas as competências, faculdades e poderes constituídos fundam-se na Constituição e como esta é obra do poder constituinte derivam, portanto, dele – que "não pode estar submetido a nenhum preceito positivo porquanto é superior e prévio a toda norma positivada" – "se bem deva acatar a voz do reino dos ideais promulgados por sua consciência jurídica".

Luís Carlos Sáchica[87] propõe (superado o dualismo poder constituinte / poderes constituídos e a contraposição sociedade / Estado) que o poder constituinte "é uma capacidade autogerada e adquirida pelos entes políticos nacionais ou, pelo povo, em variável e dificultoso processo; não é inato nem gratuito, nem nasce com a plenitude de atributos que se lhe endereçam de uno, indivisível e inalienável". Sua titularidade é conjunta: do grupo predominante no respectivo momento histórico, na efetiva situação

[85] "Curso de Direito Constitucional, op. cit., 1999, pp. 24-26.

[86] Recaséns Siches, "El Poder Constituyente", Madrid, Javier Morata,1931, pp. 69,72,73,75. Tradução livre

[87] "Esquema para una Teoria del Poder Constituyente", Bogotá / Colômbia, Temis, 1985, pp. 89, 91 e segs. Tradução livre

de adotar a decisão política constituinte – e do povo que a consente e convalida, dando-lhe legitimidade (não há exercício de poder constituinte sem concorrência popular)".[88]

Trata-se do que Sáchica denomina "poder constituinte primário" o qual "decide da Constituição política do Estado e de suas alterações".

Observa, ainda, que "o poder constituinte implica o seu exercício frequente e continuado – ou desaparece e é burlado" – daí a sua afirmativa de um poder constituinte *funcionalista* procedente de uma *teoria funcional – legitimadora*, o que igualmente entendemos necessário e incontornável.

Aqui também Sáchica reconhece na *constituição política* – "uma decisão política pré-jurídica– constitutiva e organizadora, não normada, pois destrói o direito anterior e engendra o novo"[89] – o que não parece convalidar "a idéia de direito" (Burdeau) de um povo sobre a sua própria existência político – jurídica, eis que o direito não se faz "novo" pela vontade do poder constituinte: a vontade deste – livre da normatividade pré-existente, conformar-se-á às ideias, valores e anseios da sociedade para a qual vai elaborar a Constituição, para sua condição de legitimidade, de acordo com algo anterior à sua formação como legislador constitucional que orientará suas deliberações.

Canotilho[90] sublinha a expressão "Nós, o Povo" da Constituição norte-americana de 1787 ("We, the People"), – "ou seja, o momento em que o povo *toma* decisões".

E não deixa dúvida quanto à conformação atual do Poder Constituinte, ultrapassada a teoria clássica, "no seu figurino francês", como "um poder autônomo, incondicionado e livre" para anotar a *vinculação jurídica do Poder Constituinte*:

"Desde logo, se o poder constituinte se destina a criar uma constituição concebida como organização e limitação do poder, não se vê como esta "vontade de constituição" pode deixar de condicionar a vontade do criador.

[88] "O poder constituinte derivado" somente tem competência para reformar, mantendo-a, a constituição jurídica ou normatividade constitucional na qual se reflete a vontade organizadora do constituinte primário; é um poder ordinário, conservador, sem verdadeira capacidade constituinte, senão apenas técnico-jurídica", (p. 92)

[89] Luís Carlos Sáchica, op. cit., p. 34

[90] J.J. Gomes Canotilho, op. cit., pp. 52 e segs, p. 74-75.

Por outro lado, este criador, este sujeito constituinte, este povo, ou nação, é estruturado e obedece a padrões e modelos de conduta espirituais, culturais, éticos e sociais radicados na consciência jurídica geral da comunidade e, nesta medida considerados como "vontade do povo".

Além disso, a indispensável observância a "certos *princípios de justiça*, independentemente da sua configuração (como princípios *suprapositivos* ou como princípios supralegais mas *intra-juridicos*) são compreendidos como limites da liberdade e omnipotência do poder constituinte".

Como visto, essas forças ideais formadas na comunidade permanecem, ainda que conformadas pelo tempo e seguem, como a corrente sanguínea, transmitindo "a idéia de Direito", na passagem de uma Constituição para outra, no *corpus* social, compondo a soberania do povo.

2.2. O Poder Constituinte

Sieyès[91] coloca pela primeira vez a questão do Poder Constituinte, procurando fundamentar as reivindicações do "Terceiro Estado" – no campo do direito, juridicamente e chega a uma distinção entre Poder Constituinte e poderes constituídos – os que existiam no "Terceiro Estado" (Burguesia, Nobreza, Clero).

Tem palavras que impressionam:

> "O plano deste escrito é muito simples. Temos três questões a nos fazer:
> 1ª O que é o terceiro estado? Tudo.
> 2ª O que tem sido até agora na ordem política? Nada.
> 3ª O que pretende? Nela vir a ser alguma coisa".

E mais adiante:

> "Agora deixo uma imensidade de reflexões às quais esta exposição nos conduziria muito naturalmente e caminho para o meu objetivo.
>
> Trata-se de saber o que se deve entender por *constituição politica* de uma sociedade e de fixar suas justas relações com a *Nação* mesma.
>
> É impossível criar um corpo, para um fim, sem dar-lhe uma organização, formas e leis próprias a fazer-lhe preencher as funções as quais se quis destinar-lhe. É o se chama a constituição desse corpo. É evidente que ele não pode existir sem ela (...) Assim o corpo de representantes aos quais é confiado o poder legislativo ou o exercício da vontade comum, não existe senão

[91] Emmanuel Sieyès, op. cit., pp. 27,66, 67. Tradução livre

da maneira de ser que a nação lhe confiou. Ele nada é sem formas constitutivas; não age, não se dirige, não se comanda senão por elas."

Em seguida, acrescenta:

> "Essas leis são ditas *fundamentais*, não no sentido de que pudessem tornar-se independentes da vontade nacional mas porque os corpos que existem e agem por elas não podem nisso tocar.
>
> Em cada parte, a constituição não é obra do poder constituído, mas do *poder constituinte*. Nenhuma espécie de poder delegado pode nada mudar nas condições de sua delegação. É nesse sentido que as leis constitucionais são *fundamentais*".

Sieyès fala em *vontade nacional* onde Rousseau diz *vontade geral*; jurisdicizou a vontade geral em Poder Constituinte, através de uma Constituição.

Sieyès distingue, outrossim, entre *representantes ordinários* de um povo – "encarregados de exercer, nas formas constitucionais, toda a porção da vontade comum, necessária à boa administração e os *representantes extraordinários*, detentores do novo poder que "a Nação" lhes queira outorgar. Dado que uma grande nação, não podendo reunir-se ela mesma – em todas as diversas circunstâncias fora da ordem comum – torna-se indispensável que ela confie a representantes extraordinários "os poderes necessários nessas ocasiões".[92]

Fica claro, portanto, neste estudo, que denominamos Poder Constituinte a consagrada expressão "Poder Constituinte Originário", estendendo o poder de reforma (emenda ou revisão, tão somente) ao Poder Reformador.

Desde logo, deve-se ressaltar também que a ideia de democracia, hoje dominante, como qualidade do poder de governar, recusa um poder sem limites.

Daí o afastamento do pretenso dogma de um "poder constituinte ilimitado e incondicionado": Sieyès o afirma, sem dúvida, mas em termos do século XVIII, no panorama da Revolução Francesa (embora esta venha a representar o marco "em que nasce o Direito Moderno", conforme consigna Reale[93]), momento que exigia aquela vigorosa afirmativa.

[92] Sieyés, op. cit., p. 71. Tradução livre

[93] Miguel Reale, "Nova fase do Direito Moderno", São Paulo, Saraiva, 1990, p. 74

A Nação / Povo preexiste aos elaboradores da Constituição; continua existindo, consolidada em Estado e tem sua "idéia de Direito" (Burdeau) existente e projetiva, a ser considerada em todas as circunstâncias histórico / políticas.

A Constituição, portanto, provém de um lastro e, lembrando Hesse[94], "tanto pelo que deixa em aberto como por meio do que não deixa em aberto", a Constituição fixa os princípios conformadores com respeito aos quais deve-se firmar a unidade política e se devem assumir as tarefas do Estado, efeitos nos quais se cifra sua função na vida da comunidade – a qual preexiste, portanto, à Constituição, como norma suprema voltada a essa mesma comunidade.

2.3. A soberania do Povo: Cidadão / Cidadania. As emendas constitucionais

"Nós vamos continuar para sempre porque nós somos o povo".
("Mãe", em "Vinhas da Ira", filme de John Ford)

Chamamos *povo* ao conjunto dos cidadãos que personifica o poder do Estado e, quando compondo uma Assembleia Constituinte, fins de elaborar a Constituição, a *cidadania* e a *soberania* devem estar muito claramente permeando pensamentos e atitudes.

Nesse sentido, Norberto Bobbio ressalva[95]:

> "A democracia na soberania não do povo, mas dos cidadãos. O povo é uma abstração, que foi freqüentemente utilizada para encobrir realidades muito diversas. (...) Até mesmo a palavra "peuple", depois do abuso que dela se fez na Revolução Francesa, tornou-se suspeita: o povo de Paris derruba a Bastilha, promove os massacres de setembro, julga e executa o réu. Mas o que esse "povo" tem a ver com os cidadãos de uma democracia contemporânea? (...) Numa democracia moderna, quem toma as decisões coletivas, direta ou indiretamente, são sempre e somente os cidadãos *uti singuli*, nomomento em que depositam seu voto na urna; não é um corpo coletivo. Se não fosse assim, não teria nenhuma justificação a regra fundamental do governo democrático. A maioria é o resultado da soma aritmética, onde o que se soma são os votos

[94] Konrad Hesse, "Escritos de Derecho Constitucional",op. cit., p. 19. Tradução livre
[95] "A Era dos Direitos", Campus, São Paulo, 2004, pp. 129-130

de indivíduos singulares precisamente daqueles indivíduos que a ficção de um estado de natureza pré-politico permitir conceber como dotados de direitos originários entre os quais o de determinar – mediante sua livre vontade própria – as leis que lhes dizem respeito".

Celso Lafer, na Apresentação à "Era dos Direitos"[96] comentando a análise de Bobbio à parte dedicada à Revolução Francesa, sublinha bem a irradiação política desse evento, para o que "contribuiu a *libertas* antecedendo a *potestas*, que fez a relação política ser considerada não mais *ex parte principis* mas sim *ex parte civium*, ou seja, como a expressão, numa democracia, da soberania dos cidadãos".

No seu Prefácio à obra "Quem é o Povo?" de Friedrich Müller[97], Fábio Konder Comparato sublinha que a noção de *povo*, vinda da Antiguidade "não tinha a importância decisiva que adquiriu na era moderna, com o ressurgimento da ideia democrática. A partir do século XVIII, já não se pode deixar de aludir à questão fundamental, ligada à própria essência desse regime político" e apresenta dois questionamentos: "A definição de povo, como sujeito da soberania democrática, diz respeito ao titular ou ao exercente dela? A soberania popular é um poder absoluto?"

Lembra Thomas Jefferson que, ao redigir o projeto de Constituição para a Virginia propôs que essa lei suprema, após declarar caduca a realeza britânica, fosse promulgada *pela autoridade do povo*".

Mais adiante ressalta que "não podemos aceitar a soberania absoluta de ninguém, nem mesmo confiar nos simples processos de educação moral para evitar a prática de crimes contra a humanidade. Comemos do fruto proibido e adquirimos, com isto, a terrível ciência do bem e do mal. Sabemos que a maioria do povo é capaz de esmagar "democraticamente" a minoria, em nome do interesse nacional. Ou – o que é cem vezes pior, que a minoria detentora do poder de controle social, pode se utilizar periodicamente do voto majoritário popular, para legitimar todas as exclusões sociais, em nome da democracia."

E finaliza:

"Voltamos, assim, à velha distinção aristotélica entre a democracia pura e simples – em que a maioria do povo exerce o poder supremo no seu próprio

[96] Idem

[97] São Paulo, Max Limonad, 2000, pp. 14,15,28

interesse – e o regime político moderado, a democracia justa, em que o bem comum predomina sobre todos os interesses particulares (e) o bem comum, hoje, tem um nome: são os direitos humanos, cujo fundamento é, justamente, a igualdade absoluta de todos os homens, em sua comum condição de pessoas".

Para tanto, vamos encontrar, ainda em Friedrich Muller[98] a concepção de "Povo" como instância global de atribuição de legitimidade", pelo que "os poderes *executantes*, Executivo e Judiciário não estão apenas instituídos e não são apenas controlados conforme o Estado de Direito; estão também comprometidos com a democracia. O povo "ativo" (eleitores) elege os seus representantes; dos trabalhos dos mesmos resultam (entre outras coisas) os textos das normas; estas são, por sua vez, implementadas nas diferentes funções do aparelho de Estado; os destinatários, os atingidos por tais atos são potencialmente todos, a saber, o "povo" enquanto população. Tudo isso forma uma espécie de ciclo de atos de legitimação, que em nenhum lugar pode ser interrompido (de modo não – democrático).

(...) Parece plausível ver nesse caso o papel do povo como *instância global da atribuição* de legitimidade democrática. É nesse sentido que são prolatadas decisões judiciais "em nome do povo".

Entretanto – adverte em seguida, "só se pode falar enfaticamente de povo ativo quando vigem, se praticam e são respeitados os direitos fundamentais individuais e, por igual também os direitos fundamentais políticos.

(...) Sem a prática dos direitos do homem e do cidadão, "o povo" permanece em metáfora ideologicamente abstrata de má qualidade. Por meio da prática dos *human rights* ele se torna, em função normativa, "povo de um país" de uma democracia capaz de justificação – e torna-se ao mesmo tempo "povo" enquanto instância de atribuição global."

Em "Breves considerações teóricas sobre o poder constituinte do povo"[99] Gilberto Bercovici deixa algumas ideias precisas sobre o tema:

> "A doutrina jurídica tradicional entende que o povo e o poder constituinte não têm lugar no direito público, por não serem "categorias jurídicas". O que se esquece com esta visão é o simples fato de que as questões constitucionais essenciais são políticas. Tentar separar o conceito de constituição do conceito

[98] Op. cit., cap. III, pp. 59,60,63-64

[99] *In* "Constituição e o Processo Constituinte", "Lua Nova", Centro de Estudos de Cultura Contemporânea, São Paulo, n. 88/2013, pp. 305-310.

de poder constituinte significa excluir a origem popular da validade da constituição e esta validade é uma questão política, não exclusivamente jurídica. A doutrina do poder constituinte é, antes de tudo, um discurso sobre o poder constituinte, exercendo o papel de mito fundador e legitimador da ordem constitucional, Para utilizar a expressão de Ernst-Wolfgang Böckenförde, o poder constituinte é um "conceito limite" do direito constitucional. (...)

O poder constituinte é manifestação da soberania. É um poder histórico, de fato, não limitado pelo direito. Como tem caráter originário e imediato, o poder constituinte não pode ser reduzido juridicamente. Não pode ser limitado, embora não seja arbitrário, pois tem "vontade de constituição". A titularidade do poder constituinte deve corresponder ao titular da soberania. Historicamente, de acordo com Nelson Saldanha (1986), isso significa indagar como o povo chegou à pretensão desta titularidade e como viabilizar esta pretensão, pois a soberania popular se refere essencialmente ao povo como titular do poder constituinte. Desde a Revolução Francesa, o poder constituinte do povo é visto como a verdadeira forma da soberania popular. (...)

O poder constituinte do povo é visto por boa parte do pensamento político e constitucional, como, nas palavras de Cantaro (1994), um "*terribile potere*", do qual sempre se desconfia, contestando sua plausibilidade, legitimidade e cientificidade. O direito tem dificuldades em entender a produção jurídica como proveniente de um poder "de fato", extraordinário e livre na determinação de sua própria vontade. O poder constituinte contradiz as pretensões do ordenamento jurídico de estabilidade, continuidade e mudança dentro das regras previstas.(...)

A grande dificuldade dos juristas, na realidade, deve-se ao fato de que o poder constituinte é um poder sem limites, que, portanto, não pode ser caracterizado juridicamente. Afinal, o direito não costuma operar com termos absolutos, pois trata de limitação e relativização. A única autolimitação do poder constituinte que é compatível com sua condição de soberano é uma autolimitação procedimental, não material. Ou seja, podem ser criadas regras sobre a formação da vontade soberana, mas não sobre o conteúdo dessa vontade (Reyes, 1989, pp.29-30, 34-5) (...)

Para Friedrich Müller (1995), o poder constituinte não está vinculado normativamente, apenas culturalmente. (...)

O poder constituinte atua de forma permanente. Ele se refere ao povo concreto, com autoridade e força para estabelecer a constituição, manter sua pretensão normativa e revogá-la. A manutenção ou a erosão da normatividade constitucional está ligada à permanência do poder constituinte, fonte da sua força normativa. (...)

O povo utiliza seu poder para fundar os outros poderes que, a partir de sua criação, passam a dispor sobre o povo. Não há poder constituinte onde o povo é alienado do poder (Beaud, 1994, pp. 210 – 220)."

As Emendas Constitucionais

Tais considerações, no ordenamento jurídico brasileiro, fundamentam a existência da prática, em especial, dos direitos políticos do art. 14 da Constituição – o que resulta em que "o povo", titular do Poder Constituinte, participe do processo de alteração do texto constitucional – seja na elaboração da Constituição, seja na sua reforma (emenda ou revisão), outorgando-lhe legitimidade.

O processo de elaboração da Constituição pelo Poder Constituinte exige que nas alterações da Constituição (nos limites constitucionais da reforma), a soberania do povo se faça presente, em cada momento.

O que se tem observado, no entanto, é que em nenhuma das emendas à Constituição de 1988 ocorreu plebiscito ou referendo. mediante consulta ao povo, conjunto dos cidadãos e Poder Constituinte.

Quando a Constituição Federal, no art. 49, XV, atribui ao Congresso Nacional a competência exclusiva de "autorizar referendo e convocar plebiscito" está *determinando, efetivamente, que o faça*, por força do art. 14 que estabelece o exercício da soberania popular pelo voto, plebiscito, referendo e iniciativa da lei, em razão do que dispõe o Parágrafo Único do art. 1º: "Todo *o* poder emana do povo"(grifamos), poder que é uno e pertence aos cidadãos, sob pena de reconhecer-se ao Congresso Nacional o exercício do Poder Constituinte Originário.

Dispõe, com efeito, o art. 14 da Constituição de 1988, em consonância com o art. 1º, I e II estabelecendo como fundamentos da República, "a soberania" e "a cidadania":

> "Art. 14 – A soberania popular será exercida pelo sufrágio universal e pelo voto direto e secreto, com valor igual para todos, e, nos termos da lei, mediante: I – plesbicito; II – referendo; III – iniciativa popular"[100].

[100] A Lei n. 9.709, de 18-11-1998 regulamentou "a execução do disposto nos incisos I, II, e III do art. 14 da Constituição". Note-se os termos da Lei, contendo medidas limitadoras do exercício desses direitos constitucionais, por exemplo, o art. 13: "A iniciativa popular consiste na apresentação de projeto de lei à Câmara dos Deputados, subscrito por, no mínimo, um

Comentando o § 4º, art. 27 da Constituição Federal (composição das Assembleias Legislativas) refere Antonio Sergio P. Mercier[101].

"A ingerência direta do corpo eleitoral, foi preconizada teoricamente por Jean – Jacques Rousseau que entre outras coisas, escreveu o seguinte:

"Toda lei que o povo pessoalmente não haja ratificado é nula, não é lei".

Verifica-se na atualidade a impossibilidade do exercício democrático de estilo ateniense. O constitucionalismo contemporâneo inspirou-se no conteúdo da soberania popular erigindo institutos de participação que deixaram ao povo a possibilidade de expor a palavra final".

Falta, portanto, às referidas Emendas Constitucionais, a necessária legitimidade, ensejando inconstitucionalidades.

A respeito, também, importante registrar, com referência às alterações da Constituição, o disposto na Constituição de 1824, já assinalado por Raul Machado Horta:

"Art. 174. Se passados quatro annos, depois de jurada a Constituição do Brazil, se conhecer, que algum dos seus artigos merece reforma, se fará a proposição por escripto, a qual deve ter origem na Câmara dos Deputados, e ser apoiada pela terça parte deles.

Art. 175. A proposição será lida por três vezes com intervallos de seis dias de uma à outra leitura; e depois da terceira, deliberará a Câmara dos Deputados, se poderá ser admitida à discussão, seguindo-se tudo o mais, que é preciso para formação de uma Lei.

Art. 176. Admitida a discussão, e vencida a necessidade da reforma do Artigo Constitucional, se expedirá Lei, que será sanccionada, e promulgada pelo Imperador em forma ordinária e na qual se ordenará aos *Eleitores dos Deputados para a seguinte Legislatura, que nas Procurações lhes confiram especial faculdade para a pretendida alteração ou reforma* (grifamos)

Art. 177. Na seguinte Legislatura, e na primeira Sessão será a matéria proposta, e discutida, e o que se vencer, prevalecerá para a mudança, ou addição à Lei fundamental; e juntando-se à Constituição será solenemente promulgada".

por cento do eleitorado nacional, distribuído pelo menos por cinco Estados, com não menos de três décimos por cento dos eleitores de cada um deles. § 1º – O projeto de lei de iniciativa popular deverá circunscrever-se a um só assunto".

[101] "Constituição Federal Interpretada", Manole, São Paulo, 2012, p. 205.

Conforme se verifica, as alterações à Constituição demandavam a participação de mais de uma legislatura e, ademais, a participação dos eleitores conferindo, democraticamente, aos seus mandatários, "especial faculdade para a pretendida alteração ou reforma".

Capítulo 3
O Estado

"Para compreender o seu presente, para tratar de penetrar as sombras do seu futuro, o homem tem necessidade de reconstituir o mais completamente possível o seu passado".
(Jacques Soustelle)[102].

3.1. Estado: conceito, concepções. História

Constituição e Estado, duas concepções da racionalidade humana, representam temas inesgotáveis do Direito e da Sociedade, como organização política.

"La convivência humana solo es posible en el Estado y a través del Estado" é a afirmativa de Hesse[103]. O Estado configura a *unidade política,* para Hesse, uma unidade de atuação numa multiplicidade de interesses, aspirações e formas de conduta existentes na realidade da vida humana – nunca definitivamente concluída.

Dita unidade", ressalva, "não resulta imaginável, no entanto, sem a presença e relevância de conflitos, os quais preservam da rigidez, da estagnação em formas superadas; e que são, se bem não exclusivos, a força motriz sem a qual as mudanças históricas não ocorreriam".

A Constituição – exatamente, vai regular essa multiplicidade de interesses, aspirações, formas de conduta e conflitos – como "ordem jurídica fundamental" – de modo projetivo e educativo.

102 , "Los cuatro soles. Origen y ocaso de las culturas", Guadarrama, Madrid, 1969, p. 28. Tradução livre.

103 "Escritos de Derecho Constitucional", op. cit., p. 8-9, II, 6-7. "A convivência humana somente no Estado e mediante o Estado". Tradução livre.

É a configuração da pessoa do Estado que se mantém, na sua idealização atual, pelos aspectos mostrados ao longo do século XX:

"O Estado como obra de arte" – tal a expressão de Jacob Burckhardt[104] no ensaio sobre o Renascimento, na Itália, no qual refere a influência da Antiguidade nas questões morais e, sobretudo, nas questões políticas, porquanto "eram os próprios soberanos que davam o exemplo, na medida em que, tanto em sua concepção de Estado, quanto em sua conduta, tomavam frequente e manifestamente como modelo o antigo Império Romano".

E acrescenta: "Da mesma forma, seus oponentes, quando agiam munidos de conhecimento teórico, baseavam-se nos tiranicidas da Antiguidade. Será difícil provar que, no essencial – na própria decisão de agir – seu modelo tenha desempenhado papel determinante sobre eles, mas o apelo à Antiguidade decerto não se limita a uma questão retórica ou estilística".

E na Antiguidade romana, conforme refere José Guida Neto[105], distingue-se o período especificamente do Principado, e já na era cristã o chamado Novo Estoicismo: "preparou o terreno para a assimilação das ideias de igualdade jurídica, graças à sua bem elaborada teoria sobre o Direito Natural desenvolvida pelos filósofos latinos Cícero, Sêneca, Epíteto e Marco Aurélio" – ideias que se incorporaram ao Direito Romano e à Teoria do Estado para todo o Ocidente".

Fernand Braudel[106] assinala, então, o *humanismo do* Renascimento, "seguramente, um dos mais ricos diálogos nunca interrompido – que o Ocidente tem conhecido".

Tais "movimentos de pensamento", assim denominados por Braudel, estendem-se no tempo e no espaço, como ressalta o historiador, ainda presentes nos estudos do Direito e do Estado.

Canotilho[107] registra o conceito de *Estado*, desde o século XIX assumido como "uma forma histórica (a última para os modernos, porventura a

[104] "A Cultura do Renascimento na Itália", Companhia das Letras, São Paulo, 1991, p. 59.

[105] "Ulpiano e o estoicismo no Direito Romano do Principado", Tese aprovada em 2012, PUC/SP, p. 174.

[106] "Gramática das Civilizações, "Teorema, Lisboa, 1989, pp. 320 e segs: "Não é simples datar este amplo movimento. As nossas palavras artificiais, humanismo e também Renascimento (criada quase artificialmente por Michelet e Jacob Burckhardt) têm uma dupla utilidade. Os dois movimentos confundem-se, tanto no tempo quanto no espaço". (p. 321).

[107] J. J. Gomes Canotilho, op. cit., p. 14 e segs., pp. 39 e 45.

penúltima para os pós – modernos) de um *ordenamento jurídico geral* (Giannini), com seus elementos constitutivos: territorialidade, povo, politicidade (prossecução de fins definidos e individualizados, em termos políticos), posição questionada", conforme refere, visto que "a organização política *não tem centro*: (1) *é um sistema de sistemas autônomos, auto – organizados e reciprocamente interferentes*; (2) é *multipolar e multiorganizativa*"[108].

Ressalva, contudo, que "o Estado não desaparecerá totalmente do discurso político – constitucional: configura ele *forma de racionalização e generalização do político nas sociedades modernas*".

E acrescenta:

> "Construção de um centro político – desenvolvimento político – *diferenciação do Estado* constituem, assim, os momentos da semântica da modernidade.
>
> Trata-se de um *processo complexo* e dinâmico que irá conduzir à imbricação de dois elementos constitutivos do *Estado Constitucional: o Estado e a Constituição*".

Hannah Arendt, segundo Karin A. Fry[109] refere a necessidade do ato de *fundação* para assegurar o governo depois de momentos como as revoluções francesa e norteamericana: "para Arendt, "o que salva o ato de começar pelo próprio arbítrio é que ele traz em si seu próprio princípio", que não precisa de aprovação ou legitimação exterior, e começa novamente a história de uma nação. Arendt alega que "a fundação, para os romanos, foi política e baseou-se na legitimidade do senado romano, ao passo que, para os americanos" a fundação foi legal e baseada na Constituição" .

Quando trata da personalidade estatal, Carré de Malberg[110]ressalta que o Estado deve sua existência sobretudo ao fato de que possui uma Constituição:

[108] "Com efeito – explicita – ao lado do Estado" existem, difusos pela comunidade, entes autônomos institucionais (ordens profissionais, associações) e territoriais (municípios, regiões). Daí à referência *à perda do centro* (do Estado concebido como organização unitária e centralizada) e a existência de um *direito sem Estado*, isto é, de modos de regulação (contratos, concertação social, negociações) constitutivos daquilo que se poderá chamar *reserva normativa da sociedade civil*". (p. 42).

[109] "Compreender H. Arendt", Vozes, Petrópolis, 2010, p. 104.

[110] R. Carré de Malberg, "Teoria General del Estado", México, Fondo de Cultura Económica, 2001, p. 76, n. 23. Tradução livre.

> "Se organização da comunidade nacional é efetivamente o fato primordial em virtude do qual se encontra erigida em Estado, deve-se deduzir disto que o nascimento do Estado coincide com o estabelecimento da sua primeira Constituição, seja ou não escrita, é dizer, com o aparecimento do estatuto que por primeira vez provê a coletividade de órgãos que asseguram a sua vontade e que fazem dela uma pessoa estatal. *Certamente esta Constituição geradora do Estado poderá, no transcurso do tempo, variar notavelmente, sem que a personalidade / comunidade estatizada se encontre por isso modificada de nenhum modo.* Sob esse aspecto, o Estado é independente das sucessivas formas de governo que lhe dão suas Constituições: a determinação constitucional dos variados órgãos que terão o poder de vontade pela comunidade unificada *não tem influência alguma sobre a continuidade e a identidade da pessoa Estado*".(grifamos)

Podemos levar essas considerações aos idos de 1822 – 1824: uma análise sócio – política mostraria ser isso possível: a época trazia consigo propostas, ideias e influências que ainda se prolongam; e que se incorporaram à herança humana e política. História, idioma, crenças, costumes, características regionais, identidade nacional.

Permanecem, portanto, a Constituição e o Estado, na sua *essência e significado* como algo original, único e intangível às mudanças da modernidade.

3.2. A justificação do Estado

Passando, ainda, às ondas da Modernidade, remanesce a concepção hobbesiana do Estado como um pacto entre a Cidadania e o Poder, no sentido da segurança da vida e bens: em termos de século XXI, também a segurança dos direitos e garantias.

Comenta Karl Doehring[111] que a história mostra "procedimentos fáticos diversos que levaram à formação de Estado dos mais variados tipos, por meio da união de associações humanas, com ou sem o emprego de violência. (...) a extensa variedade das possibilidades jurídicas e fáticas do surgimento de Estados".

No seu citado estudo sobre Hobbes, Norberto Bobbio[112] destaca "a ideia dominante", isto é, o ideal que defende não é o da liberdade contra a opressão, senão o da unidade contra a anarquia" – a volta ao estado de natureza:

111 "Teoria do Estado", op. cit., pp. 86-87.

112 "Thomas Hobbes", op. cit. p. 37. Tradução livre.

"o mal que mais teme e contra o qual se sente chamado a erigir a suprema e insuperável defesa de seu próprio sistema filosófico", não é a opressão que deriva do excesso de poder, senão a insegurança que, pelo contrário, deriva do vício do poder.

> "Ante tudo a insegurança na vida, que é o *primum bonum*, e logo a insegurança dos bens materiais e finalmente também a insegurança daquela pouca ou muita liberdade que se concedeu ao homem fruir em sociedade"[113].

Em suas conclusões, Bobbio expressa que, para Hobbes, a paz converteu-se no problema fundamental, sublinhando que "o pacto de união, ainda sendo um modelo ideal e irreal, nada perdeu da sua força cognoscitiva, é dizer, da sua capacidade de fazer-nos compreender os motivos da diferença que ainda hoje subsiste, entre sistema interno e sistema internacional(que Hobbes não chegou a distinguir preocupado, principalmente, com a segurança interna e a guerra civil) e, em consequência, em qual direção devem prosseguir no seu esforço os que consideram que a paz é hoje mais do que nunca, bem comum".

A ideia de *pacto* ou *contrato* perpassa, assim, as teorias da justificação do Estado, abrangendo motivações diferentes, tais como a insegurança (o medo) para Thomas Hobbes[114]; a comunidade natural, a propriedade ("vida, liberdade e riquezas") e o consentimento da maioria (John Locke)[115], ou o contrato social, com fundamento na vontade geral ("é preciso, para fun-

[113] Edith Stein: abrangendo o Estado como formação social, sua relação com a massa, a sociedade e a comunidade, refere: "As teorias do Estado de todas as orientações partem da idéia de que o Estado é uma forma de associação (*Sozietät*). De fato, reconhece-se como um traço indelével de sua estrutura que os indivíduos nele vivem e exercem em diferentes níveis, funções determinadas. Método possível para analisar essa estrutura seria também examinar as diversas formas de convívio das pessoas, em princípio possíveis, no Estado. Resta saber se isso permite fixar uma característica exaustiva do Estado como tal". ("De l.' État", Les Editions du Cerf, Fribourg, 1989, p. 37). Tradução livre.

[114] "Existiu na Inglaterra um grande medo(1588): a nação protestante aguardando a invasão espanhola, as povoações ribeirinhas espreitando o desembarque da armada que se temia invencível. Não faltaram alarmes falsos: especialmente na finisterra inglesa, a Cornualha; num desses pânicos, nasceu Thomas Hobbes, de parto prematuro – "minha mãe pariu gêmeos, o medo e eu" como recordará, autobiógrafo, daí a noventa anos" (Renato Janine Ribeiro, "Ao leitor sem medo", Brasiliense, São Paulo, 1984, p. 11".

[115] Maurizio Merlo, "Poder natural, propriedade e poder político em John Locke", *in* "O Poder. História da Filosofia Política Moderna", Vozes, Petrópolis, 2005, pp. 157 e segs.

dar a compartilha do exercício da soberania, que aquele que recebe as ordens da lei, nela se reconheça. A lei deve representar o sujeito a si próprio". (Rousseau)[116]

Conforme ressalta Gisele M. Salgado[117], "a teoria do contrato social elaborada por Hobbes será ao longo da história aceita, reformulada, ou mesmo completamente alterada, por filósofos e estudiosos da ciência política. (...) Hobbes talvez teve o mérito de, pela primeira vez, tornar o contrato como divisor de águas entre a não- existência e a existência de uma sociedade organizada, dentro dos padrões da modernidade".

Explicita a autora: "O contrato social é uma figura recorrente na filosofia política; alguns filósofos aceitam o contrato, outros recusam alguns elementos; outros, ainda, recusam o contrato propriamente dito. Essa premissa de uma associação entre os homens pode ser observada nas teorias contratualistas anteriores a Hobbes, que utilizavam o conceito de *pacto*". (...) Seria, ao ver da autora[118], "uma premissa, um ponto para iniciar uma filosofia voltando" ao sentido aristotélico do conceito de *topoi*". (...) Assim, em Hobbes o próprio contrato social é uma espécie de "constructo teórico" para explicar a sociedade. O contrato social parece ser a peça sem a qual não se explica a mudança de um estado de natureza para o Estado".

"Ademais", explica, "o contrato social, como visto por Hobbes, vem afirmar a igualdade original entre os homens, pois somente na condição de iguais poderiam contratar, "ao mesmo tempo em que assegura sua necessidade a partir da razão".

Nessa linha de pensamento Rawls[119], como visto, propõe um contrato social desde uma posição primária original, fundado em dois princípios básicos que desenvolve a partir de uma "primeira apresentação: *Primeiro.* Cada pessoa deve ter um direito igual ao mais extenso sistema de liberdades básicas que seja compatível com um sistema de liberdade idêntico para as outras: *Segundo.* As desigualdades econômicas e sociais devem ser distribuídas por forma a que, simultaneamente: a) se possa razoavelmente esperar que elas sejam em benefício de todos; b) decorram de posições e funções às quais todos têm acesso".

[116] Lucien Jaume, " Rousseau e a questão da soberania", idem, p. 185.

[117] "Contrato como transferência de direitos em Thomas Hobbes", Juruá, Curitiba, 2008, p. 161.

[118] Idem, pp. 204, 206, 208, 209.

[119] John Rawls, op. cit., pp. 68, 78, 239.

3.3. Contornos básicos da estrutura jurídica estatal

Desde as primeiras incursões da geografia política – considerado o planeta dividido em áreas ditas "Estados", às teorias do Estado e o surgimento jurídico do Estado multiplicam-se as concepções e, contemporaneamente com ênfase e certa perplexidade, em face das complexidades das sociedades em rede, a tecnologia e a comunicação social.

Num primeiro aspecto parte-se de Cassirer[120], quando analisa a teoria hegeliana do Estado, finda o capítulo, afirmando: "Hegel podia exaltar e glorificar o Estado, podia mesmo fazer a sua apoteose. Existe, contudo, uma clara e inconfundível diferença entre a sua idealização do poder do Estado e essa espécie de idolatria que é característica dos modernos sistemas totalitários".

Adentra o mito do século XX, a questão dos mitos políticos modernos, os eventos que cercaram a República de Weimar, ("Nos tempos da inflação e desemprego todo o sistema social e econômico da Alemanha viu-se ameaçado de um colapso completo. Os recursos normais pareciam exaustos. Era esse o solo natural para o desenvolvimento dos mitos políticos e onde podiam encontrar alimento abundante").

Concluindo:

> "Quando ouvimos pela primeira vez falar de mitos políticos achamô-los absurdos e incongruentes, tão fantásticos e idiotas, que dificilmente os tomaríamos a sério. Mas agora todos nós reconhecemos que cometíamos um erro. Não devemos repetí-lo. Devemos estudar cuidadosamente a origem, a estrutura, os métodos e a técnica dos mitos políticos. Devemos olhar o adversário bem de frente a fim de saber como derrotá-lo".

Porquanto os mitos políticos impõem-se ao sistema do poder para a sociedade, podendo resultar numa separação entre Estado e Sociedade, subordinada esta à ideologia dominante.

No entanto, não é o que resulta da concepção de Hesse[121] quando analisa a *unidade política*, referindo-se à distinção tradicional entre "Estado" e "Sociedade": o Estado como uma dada unidade e a Sociedade como uma pluralidade dada "um frente à outra e sem relação alguma".

[120] Ernst Cassirer, "O mito do Estado", op. cit., pp. 294, 296, 314

[121] Konrad Hesse, op. cit., pp. 12-14. Tradução livre

Dualismo de raízes no pensamento liberal predemocrático da época anterior a 1918 refere, cujos pressupostos desapareceram no Estado democrático e social contemporâneo:

> "A vida "social" deixou de ser possível sem uma organização responsável, organizadora e planificadora. Inversamente, o "Estado" democrático não se constitui senão através da cooperação social. Também a vida social encontra-se em relação mais ou menos estreita com a vida estatal no processo de formação da unidade política.
>
> A importância atual do Estado para a vida econômica e social, assim como a influência "social" sobre a atividade estatal e, inclusive, a participação "social" naquele excluem uma contraposição carente de qualquer relação".

Ocorre, efetivamente, uma *diferenciação funcional* entre o estatal e não – estatal da colaboração humana no território do Estado, o que denomina "Comunidade", referente a ambos", "enquanto o conceito de "Estado" fica reservado ao conceito mais estrito de atividade e atuação dos poderes constituídos através da formação da unidade política", a qual surge de uma cooperação planificada e consciente e portanto, organizada" – podendo-se concluir: unidade que enfeixa Estado e Sociedade num devir comum.

3.4. O Estado brasileiro: A Constituição de 1824. As Câmaras Municipais

A formação histórico / política do Estado brasileiro mostra circunstâncias peculiares, muito próprias e específicas que demandam considerações especiais no seu estudo, pela sua projeção na atualidade.

Iniciando-se Colônia de Portugal, logo recebe o impacto de passar de Colônia a Reino Unido[122].

[122] Descreve Francisco M. P. Teixeira, "História concisa do Brasil", Global, São Paulo, 1993, pp. 118 e segs.: "Ainda na Bahia, em janeiro de 1808, o Regente decreta a abertura dos portos brasileiros ao livre comercio "com todas as nações amigas", atendendo ao pedido de comerciantes locais e principalmente ao que fora estabelecido ainda em Lisboa nas negociações com os britânicos. No mesmo ano, D. João decreta a liberdade de funcionamento de fábricas e manufaturas e começa a remontar no Rio de Janeiro, o corpo da administração central do Império com seus Ministérios, Secretarias, Tribunais, Junta de Comércio, etc. São criadas também a Casa da Moeda e o Banco do Brasil – uma ousadia, pois ainda não havia bancos em Portugal. (...) Não foram poucos os benefícios que o Rio recebeu com a presença da Corte portuguesa – equivalentes, aliás aos imensos problemas criados com a sua instalação. Academias Militares, Academia de Belas Artes, Escola de Medicina, Biblioteca Real, Impressão Régia, Museu Real, Jardim Botânico, circulação de jornais, etc. (....) Em 1815, essa crescente

"A Independência do Brasil vem empós do movimento que culminou na Revolução do Porto, com a adesão de grupos brasileiros, impondo-se afinal uma Constituição a D. João VI. Após esse momento, porém, iniciam-se atitudes e atos com referência ao Brasil, tais como, em abril de 1821, "um decreto divisionista que subordina cada uma das províncias brasileiras diretamente a Lisboa, desvinculando-as do Rio de Janeiro. (...) Contra os cinquenta deputados brasileiros presentes em Lisboa; a pressão das Cortes Constituintes não é menor. Apesar de majoritariamente moderados, defendendo mais a união que a separação dos reinos, os brasileiros são tratados duramente como adversários e, pior, como representantes constituintes de categoria inferior. Os insultos, a violência física e o cerceamento da atividade parlamentar logo inviabilizam seu trabalho, obrigando-os a retornar ao Brasil"[123].

Francisco Teixeira refere-se à "Independência sem revolução[124] explicando:

"Os ecos da revolução agora eram outros. Em menos de um ano, passa-se da euforia unionista para o confronto aberto. A autonomia administrativa e a liberdade de comércio estavam novamente ameaçadas. Voltava a ouvir-se, e mais forte, a voz da independência na boca dos liberais brasileiros – mesmo daqueles que ainda hesitavam na escolha entre os riscos da separação e os prejuízos da dominação".

(...) "Mais conhecido pelas aventuras e excentricidades da juventude, D. Pedro de Alcântara surpreendia na sua estreia política. Com seus vinte e quatro anos incompletos o jovem Príncipe Regente demonstrava força e ambição suficientes para tomar parte no jogo pesado que se anunciava. Tinha poucas dúvidas quanto à inviolabilidade da recolonização do Brasil, inaceitável por brasileiros, ingleses e portugueses aqui estabelecidos. Não ignorava as divergências e fraquezas dos liberais brasileiros, que poderiam ser bem exploradas. No campo oposto, além da desconfiança maldisfarçada de uns tantos

autonomia política e econômica ganhou um símbolo: o Brasil é declarado Reino Unido a Portugal. Embora tenha sido uma formalidade necessária para a legitimação da participação portuguesa no Congresso de Viena – onde se discutia o futuro político da Europa depois da derrota de Napoleão Bonaparte – a decisão fez avançar um pouco mais a descolonização. Na sua realidade econômica e na sua nova identidade institucional, o Brasil já não era mais uma colônia". (p. 120).

123 Francisco M. P. Teixeira, op. cit., p. 128.

124 Idem, p. 129; Cap. 6, pp. 117 e segs.

> funcionários e comerciantes, o que lhe parecia realmente grave era a perigosa movimentação das tropas lusas nas províncias mais visadas pelo divisionismo das Cortes Constituintes, como o Pará e a Bahia. De todo modo no dia 9 de janeiro, D. Pedro escolheu seu lado. Mais que um gesto impulsivo – muito ao seu estilo – o Fico – era uma estratégia.
>
> (...) É provável que no meio da euforia e a apreensão daqueles últimos dias de 1822 – já com os laços verde – amarelos circulando nos ombros brasileiros – muitos não se dessem conta da estranha situação. Ao separar-se de Portugal, o Brasil tornara-se um Império e sagrara seu Imperador Constitucional.... sem ter ainda a Constituição, a lei definidora do regime e reguladora do governo"[125].

Ao que não faltaram, o "grau de violência do nosso movimento de emancipação. Violência das armas – campanhas militares, insurreição popular reprimida, intervenção estrangeira, etc. Violência do poder – perseguições, exílios, censura à imprensa, fechamento da Constituinte e imposição da Constituição".[126]

Interessante, sem dúvida, a comparação da Independência do Brasil, na sua similitude, em alguns pontos, com a Independência norteamericana, ocorrida algum tempo antes, pela narrativa de Aptheker[127], quando expõe a discussão sobre se a Revolução norteamericana foi, efetivamente, uma *revolução*:

> "Boorstin entende que "a peculiaridade mais óbvia de nossa Revolução é que no moderno sentido europeu do termo, ela não foi absolutamente, uma revolução. (...) "Foi uma rebelião colonial conservadora.
>
> (...) Mas foi bem sucedida e esse fato, por si mesmo, independentemente das resultantes instituições sociais e políticas, teve uma formidável influencia revolucionária sobre os povos do mundo".

Sem as singularidades de uma *revolução*, no sentido amplo do termo, ou seja, quanto à amplitude de seus efeitos – necessária se torna a lembrança da Inconfidência Mineira, em 1789, o mesmo ano da Revolução Francesa,

[125] Ibidem., pp. 129-130, 131.

[126] Op. cit., pp. 135-136.

[127] Herbert Apthecker, "A Revolução Americana". Civilização Brasileira, São Paulo, 1969, pp. 1-2, 16-17.

pela sua motivação, pelos anseios de liberdade, pelo seu significado, nas palavras de Tancredo Neves, em 1985:

> "Se todos quisermos", dizia-nos, há quase 200 anos, Tiradentes, aquele herói enlouquecido de esperança, "poderemos fazer deste país uma grande Nação. Vamos fazer."[128]

As Câmaras Municipais

Singular País, o Brasil: já na República e na estrutura da tradição de ideias do "Império do Brazil", a Constituição Política do município de Santos, "aprovada em sessão de 15 de novembro de 1894[129] trazendo propostas de extraordinária atualidade democrática:

> "Nós, representantes eleitos do município de Santos, adoptamos, decretamos e promulgamos a presente constituição e declaramos o município de Santos em pleno exercício da sua autonomia, como parte integrante do Estado de S. Paulo.
>
> **Parte Primeira**
> **Organização do município**
>
> Art. 1º – O município de Santos é autônomo, na esphera da sua economia própria e nos assumptos de seu peculiar interesse. A sua soberania se extende sobre todo o território contido entre os limites traçados pelas leis do Estado de 1º de março de 1844, 5 de Abril de 1865 e 21 de março de 1870.
>
> Art. 2º Como município autônomo exerce todos os direitos que, no seu território, não são pelas constituições federal e estadual expressamente reservados aos poderes da União e do Estado.

[128] A propósito, o discurso de Tancredo Neves, "eleito Presidente da República em 15-1-1985, no bojo de uma campanha que encerrou o período militar (...) "A história da Pátria, que se iluminou através dos séculos com o martírio da Inconfidência Mineira (...) o espetáculo inesquecível das grandes multidões que, em atos pacíficos de participação e de esperança, vieram para as ruas reivindicar a devolução do voto popular na escolha direta para a Presidência da República. (...) Em todo o País foi o mesmo entusiasmo. (...) Não vamos nos dispersar. Continuemos reunidos, como nas praças públicas, com a mesma emoção, a mesma dignidade e a mesma decisão "Se todos quisermos" diziam-nos, há quase 200 anos, Tiradentes, aquele herói enlouquecido de esperança, "poderemos fazer deste país uma grande Nação". Vamos fazer." (Carlos Figueiredo, "Discursos históricos", Leitura, Belo Horizonte – MG, 2002, pp. 385, 392).

[129] Fac-símile, *in* Revista da Procuradoria Geral do Município de Santos, 2006, n. 3, pp. 221 e segs.

Art. 3º Os órgãos da soberania do município são, por delegação do eleitorado, em que reside primordialmente, a Assembleia Municipal, o Prefeito; e a Câmara dos Recursos.

(...)

Art. 25 Ao tomar posse, o Prefeito eleito prestará, perante a assembleia reunida em sessão extraordinária, o seguinte compromisso: "Prometto cumprir e fazer cumprir a constituição federal, a do Estado e do município, observar as leis, e desempenhar lealmente as obrigações do meu cargo".

(...)

Parte Segunda

Secção Primeira

Disposições Geraes

Art. 41 Na eleição para os cargos municipaes observar-se-hão, além das condições de elegibilidade, já contidas na presente Constituição, o princípio da representação das minorias, devendo a lei eleitoral adoptar para esse fim o meio mais efficaz".

(...)

O *recall*

"Art. 44 O mandato e os actos das auctoridades municipaes poderão ser revogados por proposta de um terço e approvação de dous terços do eleitorado.

Paragrapho único. A lei eleitoral estabelecerá para esse fim o processo mais conveniente"[130].

Em "O Município no Brasil e sua função política"[131] Pedro Brasil Bandecchi aponta que "as Câmaras Municipais, oriundas do voto local, representantes legitimas das forças sociais atuantes, foram, na formação do Estado, "os mais respeitáveis órgãos de opinião pública, senão os únicos", chamando a atenção para o Preâmbulo da Constituição, na referência expressa aos "Povos deste Império, juntos em Câmaras", às quais o Projeto de Constituição fora "offerecido às suas observações para serem depois presentes à nova Assembleia Constituinte. Com a proclamação de Republica", assinala, "foram dissolvidos o Senado, a Câmara dos Deputados e as Assem-

130 A respeito, Maria Garcia, "Os poderes do mandato e o *recall*", *in* Revista de Direito Constitucional e Internacional, n. 50/2005, pp. 29 e segs.

131 Editora Pannartz, São Paulo, 1983, pp. 11,12.

bleias Legislativas. Só as Câmaras Municipais permaneceram daquele movimento".

Refere o mesmo autor que "as Câmaras não gozavam somente de independência, mas estavam a salvo da coação dos poderosos, os quais não podiam estar presentes às vereações", por determinação expressa das Ordenações Filipinas (Livro I, Titulo LXVI, § 30 e Manuelinas)[132].

"Sem nenhuma interferência dos governadores, as Câmaras enviavam seus procuradores às Côrtes para apresentar seus problemas e suas propostas e discutir soluções"[133].

"Em toda a luta da Independência, a presença das Câmaras Municipais foi marcante e vanguardeira. Não há episódio notável em que as Câmaras não tomem atitude decisiva ou a sua própria iniciativa (...) No momento culminante da emancipação política do Brasil, as Câmaras Municipais encabeçadas pela do Rio de Janeiro, tomaram atitude decisiva, o que ressalta da documentação publicada pelo Arquivo Municipal de São Paulo".

Assim, conclui, "no momento em que o Brasil devia constituir-se em Nação independente a única força política estruturada e representativa era o Município"[134].

Documento publicado pelo jornal O Estado de São Paulo, em 19-1-1978[135], sublinha que "a idade de ouro do nosso municipalismo decorreu durante os 322 anos em que o Estado do Brasil (errônea e impropriamente denominado "Brasil Colônia") fez parte da Monarquia Portuguesa.

132 Idem, op. cit., p. 34.

133 Ibidem, p. 37.

134 Op. cit., p. 56.

135 Seção "Dos Leitores"(Manoel Rodrigues Ferreira). Assim, "a primeira república municipal criada na então Província de Santa Cruz, foi a Câmara Municipal de São Vicente, por Martim Afonso Souza, em 22 de janeiro de 1532. A segunda república municipal, o mesmo Martim Afonso de Souza fundou no planalto, com o nome de Vila de Piratininga, instalando a sua Câmara Municipal no dia 10 de outubro de 1532, exatamente onde hoje se acha o Pátio do Colégio. (...) As repúblicas municipais (câmaras municipais) de São Vicente e São Paulo foram, pois, as duas primeiras fundadas e instaladas no Brasil". E esclarece como no século X, em plena Idade Média, ressurgem as cidades e, "com elas a antiga instituição romana do municipalismo", pela atuação dos burgueses mercadores, recriando-se o município romano "que garantia as suas liberdades e a completa autonomia das cidades, numa oposição à nobreza e ao clero. Tal como no Império Romano, as cidades passavam a ser autênticas "repúblicas" (e assim eram denominadas) liberais e oligárquicas, pois só os "homens – bons" podiam ser eleitos pelo povo. Nasciam, pois essas cidades medievais com total autonomia e liberdade". Findando a chamada Idade Média, surgem os Estados – nações ou monarquias – nacionais, sendo Portugal um dos primeiros – englobando as repúblicas municipais".

Fica, assim, o registro expressivo do processo democrático no municipalismo brasileiro.

As características históricas do Estado brasileiro apontam para sua formação municipal, no entranhado das suas origens comunais, predominantemente locais, ao largo da sua extensão territorial, deixando isoladas tais comunidades primeiras para outorgar-lhes essa denominada "soberania" e envolvendo, mais tarde, o pacto fundacional 1822-1824 quando o contrato político – social se perfecciona na Constituição do Império.

Torna-se necessário que essas raízes sejam retomadas porquanto representam, nas origens do País, forças democráticas a serem restabelecidas, como a implantação do *recall* à cidadania, fundamento do Estado(art. 1º, II) e a representatividade das Câmaras Municipais.

Capítulo 4
O Homem, Ser Universal e os Direitos Humanos

"O homem é a medida de todas as coisas, das que são enquanto são, das que não são enquanto não são".
(Protágoras, Grécia, séc. V a.C.)[136]

4.1. A invenção do *Humano*

Importante assinalar, desde logo, que o art. 1º da Constituição de 1988 estabelece, entre os fundamentos da República Federativa do Brasil:

> "Art. 1º (...)
> (...)
> III – a dignidade da pessoa humana;"

Registrando-se o disposto no art. 1º, § 2º da Convenção Americana de Direitos Humanos, de 1969:

> "Para os efeitos desta Convenção, pessoa é todo ser humano".

[136] Protágoras (Abdera c. 468 a. C. – ? 404 a. C.). Sofista, viveu longos períodos em Atenas, onde conheceu Péricles, Euripedes e Sócrates. (...) Defendeu um relativismo subjetivista, expresso no mais importante fragmento de seus escritos: "O homem é a medida de todas as coisas...". Ao contrário do que possa parecer, esse relativismo não significa a negação de toda verdade; significa, sim, a negação das verdades absolutas, universais e invariáveis. De todas as obras de Protágoras, entre as quais se destacam "Sobre a verdade" e "Sobre os deuses", restaram apenas quatro fragmentos. Nesta última, por afirmar que jamais poderia saber se os deuses existem, ou não, foi acusado de impiedade e condenado à morte. Protágoras, porém, conseguiu fugir de Atenas". *Protágoras*, diálogo de Platão que integra o grupo dos chamados diálogos socráticos (...) Sátira aos sofistas, tem como personagem central, ao lado de Sócrates, o sofista Protágoras (...)". (Grande Enciclopédia Larousse, Nova Cultural, Rio de Janeiro, 1998).

Por certo que, anteriormente ao "Discurso"[137], a obra fundamental de Pico Della Mirandola, a Grécia legara ao mundo os fundamentos do Humanismo.

Humanismo

> "Qualquer filosofia que afirma o valor e a dignidade do homem, que o considera "medida" das coisas ou que centraliza seu interesse no tema da natureza ou da condição humana. Nesse sentido mais amplo é possível falar do humanismo do sofista grego Protágoras (séc. V a. C.), do humanismo de Sócrates e, na filosofia contemporânea, do humanismo existencialista, personalista ou marxista"[138].

A partir daí, as revoluções libertárias, ondas transmutáveis da afirmativa do *humano* sucedem-se na História e através delas e apesar delas, o *ser humano* permanece como tal, na sua natureza razão/emoção.

Após séculos em que algumas luzes iluminaram a existência do *ser humano,* a Declaração da Independência norte-americana, na reunião do Congresso de 4 de julho de 1776(Declaração Unânime dos 13 Estados Unidos da América), vem afirmar:

[137] "Discurso sobre a Dignidade do Homem", Edições 70, Lisboa, 1989.

[138] "Do f. *humanisme*. 1. Corrente filosófica que coloca o homem e os valores humanos acima de todos os outros valores. 2. Movimento intelectual e literário, ligado ao Renascimento que se manifestou entre os séculos XIV e XVI e que se inspirou em seu método e em sua filosofia, no estudo dos textos da Antiguidade clássica. (...) Em sua acepção histórica o humanismo foi um dos aspectos do Renascimento, à medida que este representou uma reintegração do homem à natureza e à história e reinterpretou-o à luz dessas coordenadas. O termo "humanismo" deriva de *humanitas*, que na Roma antiga designava a educação do homem enquanto tal e correspondia ao sentido da palavra grega *paideia*: a educação por meio das disciplinas liberais relativas a atividades próprias ao homem. A autonomia do homem foi buscada, assim, através de uma volta à Antiguidade, a seus modelos de pensamento e suas diretrizes pedagógicas. As humanidades – poética, retórica, história, ética e política – passaram a constituir, sob a inspiração dos antigos, base de uma educação destinada a preparar o homem para o exercício da sua liberdade. Essa liberdade e a capacidade humana de construir seu mundo foram temas básicos dos humanistas: Pico Della Mirandola, Gianozzo Manetti, Marsilio Ficino, Charles Bouillé. As especulações marcadas pela exaltação da capacidade humana seriam depois atenuadas pela nota de ceticismo que o humanismo manifestou no pensamento de Montaigne, Pierre Charron e Francisco Sànchez"(Grande Enciclopédia Larousse Cultural, op. cit.).

"Cremos axiomáticas as seguintes verdades: que todos os homens foram criados iguais; que lhes conferiu o Criador certos direitos inalienáveis, entre os quais o de vida, de liberdade e o de procurarem a própria felicidade".

E prossegue:

"que, para assegurar esses direitos se constituíram entre os homens governos cujos justos poderes emanam do consentimento dos governados; que sempre que qualquer forma de governo tenda a destruir esses fins, assiste ao povo o direito de mudá-la ou aboli-la, instituindo um novo governo cujos princípios básicos e organização de poderes obedeçam às normas que lhe parecerem mais próprias a promover a segurança e felicidade gerais"[139].

Temos, então, *direitos* assegurados a todos os homens e o governo (Estado) destinado a garanti-los mediante um pacto fundacional, a *Constituição* e assim ocorrerá em relação a numerosos outros povos, entre os quais o Brasil. Os direitos humanos apresentam essa conotação específica, de aplicar-se diretamente ao que tenha a qualidade de *humano.*

"O homem universal da Renascença", refere Gilberto de Mello Kujawski[140], numa análise da citada "Oratio de Hominis Dignitate:

"A exemplo de seu mestre Platão, Pico narra um mito. Ao concluir a obra da Criação, o Supremo Arquiteto e Pai, Deus, desejou a existência de alguém capaz de compreender e amar sua grandiosidade, pensando no homem; contudo, já não existia nenhum arquétipo virgem que servisse de modelo ao novo ser, e também não existia lugar vago no plano da Criação, onde todo espaço estava ocupado e tudo fora ordenado e distribuído sem falha ou lacuna.

(...) "Assim, pois, tomou o homem, essa obra de tipo indefinido, e, tendo-o colocado no centro do universo, falou-lhe nestes termos: "A ti, ó Adão, não te temos dado nem uma sede determinada, nem um aspecto peculiar, nem

[139] Chama a atenção o termo *felicidade* num texto jurídico. Kelsen utiliza a mesma palavra dando-lhe um alcance especial: "O desejo de justiça é tão elementar, está tão profundamente arraigado na mente humana porque é uma manifestação do indestrutível desejo do homem de alcançar sua própria felicidade subjetiva. A idéia da felicidade deve modificar radicalmente seu significado a fim de chegar a ser uma categoria social, a felicidade da justiça. "("As metamorfoses da idéia da justiça", *in* "El actual pensamiento jurídico norteamericano", op. cit., p. 250). Tradução livre.

[140] *In* O Estado de S. Paulo, 8/4/1989, p. 8.

tarefa singular, precisamente para que o lugar, a imagem e as tarefas que reclamares para ti, tudo isso tenhas e realizes, mas pelo mérito da tua vontade e livre consentimento.

(...) Poderás descer ao nível dos seres baixos e embrutecidos; poderás, ao invés, por livre escolha de tua alma subir aos patamares superiores que são divinos".

(...) "Plantado no centro do mundo", conclui, o "homem tem caminho livre e desembaraçado para chegar a si mesmo em qualquer direção, para este ou para aquele lado, para cima ou para baixo. O lugar do homem não está circunscrito, à semelhança dos demais entes; seu lugar distintivo é o próprio universo, o homem é o ser universal, por isso está no centro, no olho da Criação"[141].

Em suma: a dignidade do homem não depende do seu ser e sim da sua liberdade, diríamos, do conjunto das liberdades ou direitos. E por consequência, os direitos humanos adquirem a natureza de *direitos universais.*

Definimos os direitos humanos fundamentais como aqueles que constituem base de outros direitos; *fundamento* de existência desses direitos e *essenciais*, isto é, indispensáveis, ou seja, absolutamente necessários.

Destacam-se portanto, daqueles arrolados em algumas Constituições, como "direitos fundamentais". Nesse sentido, são direitos constitucionalmente assegurados, logo, incondicionalmente aplicados embora nem todos "fundamentais". Lembramos o conhecido desenho de Da Vinci, denominado "Homem Vitruviano" (a figura de um homem jovem, os membros estendidos, dentro de um quadrado e de um círculo, compreendendo duas posições, tudo em proporções geometricamente delineadas: o quadrado, representando o mundo físico (os quatro elementos) e o círculo, referente ao espirito).[142]

[141] "Com que direito, então, esse novo pensador italiano, com o atrevimento próprio da juventude, vem apresentar o homem não como forma substancial, mas precisamente o contrário, como forma insubstancial, vazia, como um ser inacabado que se modela de acordo com o uso que fizer de sua liberdade de escolha: se os demais seres criados por Deus estão todos eles pré-constituídos ontologicamente (...) como admitir que caiba ao homem o privilégio de escolher e modelar livremente a forma que definirá o seu ser, forma que não será definitiva, mas sempre perceptível, segundo se lê em seguida no mesmo texto?".

[142] Maria Garcia, "O efeito prismático dos direitos humanos: a expressão circular do homem vitruviano e os direitos humanos das vítimas", *in* Revista de Mestrado em Direito / Direitos Humanos Fundamentais", UNIFIEO, São Paulo, 2008, n. 1, pp. 255 e segs.

Dissemos que essa figura perfeita, representativa do ser humano no seu todo, parece concentrar em si o que Celso Lafer[143] denomina "feixes axiológicos":

"A objetivação histórica do valor da pessoa humana, na relação político - jurídica, governantes - governados, exprime-se através da afirmação da perspectiva *ex parte populi* por meio do reconhecimento pelo direito positivo dos direitos humanos. Esta positivação expressa um processo histórico de integração de valores percebidos como fundamentais para a boa convivência coletiva. Provêm de legados históricos, irradiadores de feixes axiológicos configuradores de um sentido de direção".

E esclarece:

"Entre eles, cabe destacar: (i) o legado da Grécia (a liberdade de pensar como a pluralidade do pensar; (ii) o de Roma (a consciência dos valores autônomos do Direito; (iii) o do Cristianismo (o reconhecimento da igualdade da natureza humana, independentemente dos invólucros sociais da cidadania; (iv) o do liberalismo (o governo é para o indivíduo e não o indivíduo é para o governo, que significa: liberdade entendida como distribuição de poder político, econômico, cultural, entre os governados e limitação pelo Direito do poder dos governantes, com base no pressuposto de que todo individuo tem direito a ter direitos; e (v) o do socialismo (a exigência da igualdade perante a vida e a cultura, concebida como um direito de crédito reconhecido a cada ser humano de participar do "bem - estar social", daquilo que a espécie humana, num processo coletivo, vai acumulando através do tempo)."

Posto esse quadro, pode-se conceber o efeito prismático dos direitos humanos projetando-se em feixes de valores consagrados pela comunidade, os quais imantam os princípios e regras integradores do sistema constitucional, estendendo-se até o último dos seus dispositivos.

Na História do Direito[144] encontram-se, singularmente emparelhadas, envolvendo leis e religião, o Pentateuco (Gênesis, Êxodo, Números, Levítico e Deuteronômio, as Segundas Leis), aproximadamente, de 1.400 a

143 Celso Lafer, "Comércio, desarmamento, direitos humanos. Reflexões sobre uma experiência diplomática". Paz e Terra, São Paulo, 1999, pp. 182-183.

144 Ralph Lopes Pinheiro, "História resumida do Direito", Ed. Rio, Rio de janeiro, 1983, p. 23.

1300 a. C. e o Corão (114 suratas citando Cristo, Moisés, Aarão, Abraão, David, Ismael, Jacob, Jonas, Lot, Zacarias, etc. e recordando o Pentateuco, a criação do mundo, Adão, o diluvio, etc., contendo direitos sobre educação, assistência social, inviolabilidade de domicilio, asilo, proteção aos idosos).

Comenta Luiz Carlos de Azevedo[145] que o direito não surgiu espontaneamente, mas sempre esteve condicionado a incontáveis ordens de realidade, nunca estáticas, mas dinâmicas, e que se alteram conforme igualmente se modificam, ante outros inúmeros fatores que a vida continuamente proporciona.

O Código de Hamurabi (aproximadamente 2.000 a. C.), com 282 artigos[146], entendido como o mais antigo, registra medidas como a instituição do bem de família, espécies de salário mínimo etc. uma legislação regulando impressionante variedade de situações, "preciosas e humanas disposições que bem revelam o senso humano e ressalta o legislador que foi Hamurabi".

Essas "humanas disposições" têm um caminhar próprio. Recentemente, com o "Talmude Babilônico", Adin Steinsaltz[147] explicita: "o livro era novo há quase dois mil anos e assim continua. (...) continuamos a fazer as mesmas perguntas sobre os mesmos problemas: nos amamos, odiamos, tentamos ser melhores, fazemos guerra, às vezes também fazemos a paz. Todas essas coisas existem no *Talmud*, todas as questões humanas estão lá".

Em sua obra "Marx e seu Conceito do Homem"[148] Erich Fromm destaca:

[145] "Contando a História do Direito", *in* Tribuna do Direito, São Paulo, setembro / 2009, "Livros", p. 2.

[146] Idem, pp. 29 e segs. "Há grande divergência entre os autores a respeito da data certa. Uns a situam em 2.083 a. C. O Código Mosaico é posterior, vindo aproximadamente 700 anos depois. Hamurabi foi contemporâneo de Abraão (Biblioteca da Cultura Judaica", Caminhos da Bíblia", p. 269)". (p. 29).

[147] *In* Moacir Amâncio, "Estudo iluminado sobre o humano", O Estado de S. Paulo / Sabático, 19-1-2013, p. 56.

[148] "Marx y su concepto del hombre", "Manuscritos econômico – filosóficos. Karl Marx", Fondo de Cultura Económica, México, 2.000, pp. 109-110. Tradução livre. "A universalidade do homem aparece na prática na universalidade do que constituí toda a natureza no seu aspecto inorgânico: 1) como meio direto de vida; e, igualmente 2) como o objeto material e o instrumento de sua atividade vital. A natureza é *o corpo inorgânico* do homem; é dizer, a natureza excluindo o corpo humano mesmo. Dizer que o homem *vive* da natureza significa que a natureza é seu *corpo*, com o qual deve permanecer em contínuo intercâmbio para não morrer. (...) Como o trabalho alienado: 1) aliena a natureza do homem, e 2) aliena o homem de si mesmo, da sua própria função ativa, da sua atividade, vital, assim como o aliena da espécie.

> "O homem é "ser genérico", não somente no sentido de que constitui a comunidade (a sua própria e a de outras coisas) seu objeto prática e teoricamente, senão também (e isto é simplesmente outra expressão da mesma coisa) no sentido de que se considera como a espécie atual, viva, como um ser *universal* e por consequência livre".

Cançado Trindade[149] refere-se à "necessidade premente de uma *mudança fundamental de mentalidade* no tocante à proteção dos direitos humanos nos planos internacional e nacional " – (...) As necessidades continuadas e novas de proteção do ser humano requerem uma renovação do pensamento jurídico. (...) a plenitude da proteção dos direitos humanos".

4.2. Os Direitos Humanos

Meirelles Teixeira[150] analisa "As Declarações de Direitos" em todo um Capítulo, "A Organização da Liberdade", pontuando as afirmativas que a História do Direito registrou, ainda que de forma diferenciada ou incompleta: os direitos naturais e inalienáveis da pessoa humana preexistem ao Estado e a este se sobrepõem, corolários que são dos próprios atributos da pessoa humana, da natureza essencial desta.

> (...) Temos então:
> Direitos (liberdades) individuais:
> 1) direitos *fundamentais*;
> 2) direitos *políticos*;
> 3) direitos *sociais*;
> 4) direitos ou garantias institucionais"[151]

Converte a *vida da espécie* num meio para a vida individual. Em primeiro lugar, aliena a vida da espécie e a vida individual e, em segundo lugar, converte esta última, como abstração, no fim da primeira, também na sua forma abstrata e alienada". Tradução livre.

149 Antonio Augusto Cançado Trindade, "Memorial em prol de uma nova mentalidade quanto à proteção dos direitos humanos nos planos internacional e nacional", *in* "Os direitos e o Direito Internacional", Orgs. Carlos Eduardo de Abreu Boucault/Nadia de Araujo, Renovar, 1999, p. 11, 61-62.

150 José Horácio Meirelles Teixeira, "Curso de Direito Constitucional", Conceito, São Paulo, 2011, pp. 618.

151 Idem, pp. 629-630.

Direitos fundamentais. Constituiria erro evidente", afirma, "considerar-se direito fundamental" todo é qualquer direito garantido da pela Constituição". São aqueles, reitera, "que podem valer como *anteriores* e *superiores* ao Estado; aqueles que o Estado não outorga, não cria, dando-lhes conteúdo através de suas leis, mas apenas reconhece e protege como dados anteriormente, direitos "inatos", na linguagem jusnaturalista".[152]

Como características dos direitos fundamentais, assinala Meirelles Teixeira:

"a) são anteriores e superiores ao Estado; seu conteúdo não resulta da lei mas da sua própria essência, da natureza das coisas; b) pertencem ao homem como tal e, por conseguinte, tanto a nacionais como a estrangeiros; c) não são bens jurídicos, no sentido estrito do termo, mas verdadeiras esferas da liberdade individual; d)sua fixação tem por fundamento "o princípio da distribuição" segundo o qual a esfera de liberdade do indivíduo considera-se ilimitada em princípio, e a possibilidade de ingerência do Estado considera-se limitada; e) sua limitação pelo Estado apresenta-se como *excepcional, mensurável* e só se legitima por *processos especiais*, geralmente mediante lei no sentido formal; f) não podem ser suprimidos mediante reforma constitucional, pois constituem a *essência do Estado liberal – democrático, a substância da Constituição*".

Para Meirelles Teixeira[153], portanto, os direitos fundamentais, anteriores e superiores ao Estado, pertencem ao homem como uma esfera de

[152] "Esses direitos podem sofrer, e sofrem em todos os sistemas jurídicos, restrições ou limitações mais ou menos extensas, de acordo com os interesses do Bem Comum, mas essa sua *limitação* pelo Estado apresenta certas características especiais: a) *somente se admitem como exceção*; b) *o Estado somente pode penetrar em seu âmbito em extensão mensurável em princípio*, isto é, *sem atingir ou destruir a sua essência*; e c) essa limitação só poderá levar-se a efeito mediante processo regulado que, como regra, é o da *lei*, norma geral e impessoal de conduta. Neste sentido, podem ser considerados "absolutos" porque em certa medida impõem-se de modo absoluto, ao acatamento de ordem jurídica positiva". (p. 629).

[153] Op. cit., p. 630. E elenca: "Dentre os direitos fundamentais reconhecidos e garantidos pelo art. 141 da Constituição (1946), destacam-se o direito à livre manifestação do pensamento o (§ 7º), o sigilo de correspondência (§ 6º), a liberdade de consciência, de crença e de culto (§§ 7º e 10), e de reunião (§ 11)o de associação (§ 12 e art. 159) e de profissão (§14), o de inviolabilidade de domicilio (§15), o de propriedade, como direito subjetivo (§§ 16 e 19), o de liberdade física e locomoção (§ 20, art. 142), o de livre pesquisa cientifica e de livre criação literária e artística (art. 173) e o de resistência à opressão(art. 144)". Na Constituição de 1988, o art. 5º incisos IV, XII, VI, XVI, XVII , XXI, XIII, XI, XXII, LXVIII, XV, IX, (art. 218) e § 2º, respectivamente.

liberdade apenas passível de limitação em caráter excepcional, mensurável e prevista em lei[154] .

A partir daí, uma ressalva de Tercio Sampaio Ferraz Jr.[155] que, assinalando tratar-se de tema "largamente explorado, (...) se torna difícil a palavra nova, e é quase impossível evitar a repetição de velhas fórmulas, o emprego do lugar comum, o que, em um mundo em crise como o nosso, chega até mesmo a banalizar a sua importância".

Alerta que "a banalização mais terrível é aquela que se dá pela ação, que distorce o seu sentido para captar instrumentos de atuação política e jurídica, conservando-os como intocáveis, na medida em que os destitui na prática" – ressaltando, então, a necessidade não de buscar-lhes outro fundamento teórico senão de repensá-los", afirma. "Repensá-los significa tratá-los como um problema", isto é, visualizá-los "por um conjunto de possibilidades estruturadas em alternativas."

Nessas condições os chamados "direitos do homem" passam numa primeira ordem, ao conceito de homem "dentro de uma totalidade hierárquica da ordem do mundo (cosmos); o homem além dos limites da *polis*, e o mundo como "um risco e um desafio" e aqui os "direitos do homem " constituem uma ordenação da razão" (Declaração dos Direitos do Homem e do Cidadão, de 1789); e, numa "terceira constelação de problemas" em que "o mundo deixa de ser um objeto de ordenação, para ser o lugar de experiência do homem" – "o problema é concebido como uma questão aberta para a qual há uma série de soluções possíveis que servirão de base para uma decisão. Tal concepção repercute basicamente no mundo jurídico, aparecendo o direito, em princípio, como um sistema de decisões, a compor uma ordem necessariamente aberta e instável, dada a sua relação a problemas ou grupo de problemas".

Traço característico do Direito em nossos dias é o fenômeno da "positivação" do direito, refere Tercio Sampaio Ferraz Jr.: "o fenômeno segundo

[154] O art. 19º da Lei Fundamental da República Federal da Alemanha, de 1949 assim dispõe: "Art. 19º (Restrição de direitos fundamentais) (1) Quando, segundo esta Lei Fundamental, um direito fundamental puder ser restringido por lei ou com base numa lei, essa lei deverá ter carácter geral e não ser limitada a um caso particular. Além disso, a lei terá de citar o direito fundamental em questão, indicando o artigo correspondente. (2) Em caso algum pode um direito fundamental ser afectado no seu conteúdo essencial". (Coimbra Editora, 1996).

[155] "Dos direitos humanos: reconhecidos, mas positivados", *in* "Direito Constitucional", Manole, São Paulo, 2007, pp. 518, 520, 523, 524, 526.

o qual "todas as valorações, normas e expectativas de comportamento na sociedade têm de ser filtradas através de processos decisórios antes de poder adquirir a validez jurídica".

Nesse quadro, esclarece, transforma-se profundamente – partindo, de *jus eminens*, a figurar na instabilidade resultante dos "conflitos dos direitos sociais entre si e destes com a própria realidade social em constante mudança".

"Uma sociedade que positiva o seu direito tem de renunciar a uma ordem invariável, extrapositiva, como, por ex. a do direito natural; mas, por outro lado, ela tem de compensar, de algum modo essa renúncia e isso é conseguido, no interior mesmo do direito positivado, pela instalação de normas de valor superior – constitucionais – que se diferenciam gradualmente de outras normas e, dentro daquelas, pelo reconhecimento de um cerne fixo, que lhes garanta uma certa estabilidade – como esse cerne fixo, entretanto, é encarado, eis, a questão que transforma profundamente o sentido dos "direitos do homem".

Esse *cerne fixo* – que representa o âmago, o centro vital que define a existência de uma comunidade compõe-se precisamente do que constitui a sua identidade como tal, desde as origens e, neste visualizar, os direitos positivados decorrentes da qualidade humana, através das épocas e das contingências."

Zagrebelsky[156] pondera que "as Constituições de nosso tempo olham o futuro tendo firme o passado, é dizer, o patrimônio da experiencia histórico – constitucional que querem salvaguardar e enriquecer. Incluso poder-se-ia dizer: passado e futuro se vinculam numa única linha e, como os valores do passado orientam a busca do futuro, assim também as exigências do futuro obrigam a uma continua pontualização do patrimônio constitucional que vem do passado e portanto, a uma incessante redefinição dos princípios da convivência constitucional."

Do mesmo modo, os direitos e garantias fundamentais.

Em dado momento, Zagrebelsky[157] coloca se "a aspiração a fixar a matéria constitucional, para impedir a sua submissão à ação corrosiva do tempo,

[156] Gustavo Zagrebelsky, "História y Constituciòn", Mínima Trotta, Madrid, 2005, p. 91. Tradução livre.

[157] Op. cit., p. 34. Anota que "o famoso princípio de Thomas Jefferson: "the earth belongs to the living" (a terra pertence aos vivos) (...) que intentou sustentar buscando a ajuda de Madison encontra-se refletido não na Constituição americana senão em algumas elaborações

idéia de todos", deveria ser "um retorno ao passado – uma restauração, ou uma ruptura com o passado, uma revolução".

4.3. As Constituições brasileiras. A Constituição de 1988: "Título II Dos Direitos e Garantias Fundamentais"

"As Constituições Brasileiras"

Detemo-nos, aqui, no estudo de Raul Machado Horta, publicado em 5 de novembro de 1988[158]:

> "A evolução constitucional brasileira, tem seu marco inaugural na *Constituição Política do Império do Brasil, de 25 de março de 1824*, outorgada por D. Pedro I, resgatando o compromisso que o Imperador assumiu, quando dissolveu a Assembleia Geral Constituinte e Legislativa, em 12 de novembro de 1823. A Constituição monárquica de 1824 estruturou a organização dos Poderes do Império nos cento e setenta e nove artigos de seu texto. Aspecto que a singulariza no conjunto das Constituições brasileiras é a concepção do Poder Moderador, o poder neutro, qualificado de "chave de toda a organização política", o quarto poder político, que a Constituição do Império buscou na concepção doutrinaria do publicista Benjamim Constant, exposta no primeiro volume do "Cours de Politique Constitutionelle", editado em 1818"[159].

constitucionais francesas, manifestamente marcadas pela idéia do absolutismo do poder constituinte, como ato de vontade soberana" (pp. 41-42).

[158] *In* O Estado de S. Paulo, pp. 36-37. Inicia o autor: "Com a promulgação da Constituição Federal de 1988, o Brasil, atingiu a sétima Constituição de sua história constitucional. A comparação entre o número e a duração de nossas Constituições nos coloca em desvantagem em relação à longevidade dos documentos constitucionais dos Estados Unidos, de monarquias constitucionais europeias e mesmo da Argentina, que adotou o processo de reforma, mantendo, em cada caso, a referência à Constituição originaria de 1.853. Todavia, o nosso País fica em situação vantajosa na comparação entre o ciclo constitucional brasileiro e o de outros Países, como o da França, compreendendo onze Constituições, não computada a Constituição de Pétain cujo Projeto deixou de ser promulgado; o da Bolívia, abrangendo dezesseis Constituições, sendo onze no século XIX, e o da Espanha, atingindo, em 1978, nove Constituições não incluindo nesse conjunto a Constituição fragmentaria do período de Franco, representada por sete Leis Fundamentais, a partir do "Fuero del Trabajo", de 1938, até a "Ley Organica del Estado", de 10 de janeiro de 1967".

[159] "Encerrava o texto monárquico o enunciado das Garantias dos Direitos Civis e Políticos, uma Declaração de Direitos inspirada nos princípios do liberalismo, protegendo a liberdade, a segurança individual e a propriedade. A Constituição declarava matéria constitucional, sujeita ao processo de reforma, o que se referisse aos limites e atribuições dos Poderes Políticos, aos

A Constituição de 24 de fevereiro de 1891

elaborada por Assembléia Constituinte especialmente convocada, implantou a forma republicana de governo, a forma federal de Estado e o regime presidencial, inaugurando novo ciclo constitucional. Nos noventa e um artigos de sua parte permanente, a Constituição de 1891 é texto clássico da organização dos poderes da União e da Declaração dos Direitos Individuais, atendendo às inspirações do liberalismo político e econômico. A União recebeu os poderes soberanos e nacionais do Governo Federal no domínio das relações internacionais, da moeda, do comercio interestadual, bancos, correios e telégrafos federais, segurança das fronteiras, eleições federais, direito civil, comercial e criminal da República, o direito processual da Justiça Federal, organização do Exército e da Armada, numa relação da matéria mais significativa e integrante dos poderes enumerados da União. O Poder Executivo foi confiado ao Presidente da República, chefe eletivo da Nação, dentro do modelo norte-americano do presidencialismo[160].

Direitos Políticos e Individuais, tudo o mais poderia ser alterado pela legislatura ordinária. Na sua longa vigência, que completou sessenta e cinco anos, a Constituição foi emendada uma vez, pela Lei n. 16, de 12 de agosto de 1834, denominado Ato Adicional, que estabeleceu as Assembléias Legislativas Provinciais substituindo os Conselhos Gerais de Província. O regime parlamentar implantou-se no Império, a partir da criação do Presidente do Conselho de Ministros, em 1.847, à margem da Constituição do Império, em criação consuetudinária".

[160] "Os Estados passaram a dispor de autonomia constitucional, para elaborar a própria Constituição, e os Municípios tiveram assegurada a autonomia municipal nos assuntos de seu peculiar interesse. A Declaração de Direitos garantia a brasileiros e a estrangeiros residentes no País a inviolabilidade dos direitos concernentes à liberdade, à segurança individual e à propriedade, destacando-se nesse conjunto o *habeas-corpus,* para reprimir violência ou coação por ilegalidade ou abuso de poder, e a garantia contra a prisão arbitrária. A Constituição de 1.891, que completou trinta e nove anos de vigência, foi emendada, em 1926, para introduzir alterações que ampliaram os casos de intervenção federal, regularam o processo interventivo, criaram ou modificaram atribuições privativas do Congresso Nacional, incluindo nesse elenco a legislação sobre o trabalho, consagraram o veto parcial, explicitaram a competência do Supremo Tribunal Federal e de Juízes Federais, excluíram a possibilidade de recurso judiciário, para a Justiça Federal ou local, contra a intervenção federal, a declaração do estado de sitio, a verificação de poderes e outros casos, vincularam o *habeas corpus* à proteção da liberdade de locomoção, dirimindo tendências ampliativas da doutrina e da jurisprudência, tornaram expresso que a irredutibilidade de vencimentos não exima a obrigação de pagar impostos gerais".

A Constituição Federal de 16 de julho de 1934

inaugura o novo federalismo e introduz no texto constitucional os direitos econômicos e sociais, que vão compor os novos títulos dedicados à Ordem Econômica e Social, à Família, Educação e Cultura. O Estado intervencionista amplia o elenco dos poderes federais. A centralização legislativa, deslocando dos Estados para a União competências que, sob o federalismo dualista de 1891, remanesciam na competência dos Estados, deprime e amortece a autonomia constitucional, legislativa e administrativa dos Estados-membros. A Constituição aprimorou, tecnicamente, a discriminação de rendas entre a União e os Estados e incluiu nesse campo o Município, atribuindo-lhe os impostos municipais. O Poder Legislativo aproximou-se da organização monocameral, com a redução de atribuições do Senado Federal, convertido em órgão da Coordenação dos Poderes. No Poder Executivo, eliminou-se o vice-presidente da República, conservando o exercício monocrático desse Poder pelo presidente da República. No Poder Judiciário, introduziu a Justiça Eleitoral, reivindicação da campanha liberal de 1930. O Supremo Tribunal Federal tornou-se Corte Suprema, com ampla competência. Previu-se a criação de outros Tribunais Federais"[161].

A Carta de 10 de novembro de 1937

é a máscara constitucional de um golpe de Estado. Loewenstein a denominou de "Constituição semântica" para indicar que o texto não dispunha no nominalismo das palavras de eficácia normativa completa. Documento de mera aparência. Por isso, grande parte da Carta permaneceu inaplicada. Não se cumpriu sequer o preceito que determinava o plebiscito constitucional. A Carta de 1937 concentrou-se no poder do presidente da República, denominado de "autoridade suprema do Estado", dentro da concepção do autoritarismo político, que a ascensão do fascismo difundiu pelo mundo.

[161] "A instituição do mandado de segurança ampliou a proteção dos direitos individuais. O direito de propriedade passou a sofrer o contraste do interesse social ou coletivo, reduzindo a plenitude assegurada na Constituição de 1891. (...) criou a Justiça do Trabalho, sem a natureza de órgão do Poder Judiciário. O texto de 1934, que se estendia por cento e oitenta e sete artigos, recebeu três emendas, em dezembro de 1935, reforçando a segurança do Estado e as atribuições do Poder Executivo, para coibir "movimento subversivo das instituições políticas e sociais". Aproximava-se o fim do regime democrático. A Constituição de 1934, que se organizou sob a influência das idéias que alimentaram o constitucionalismo europeu do primeiro pós-guerra, sucumbiu pouco depois. Foi brevíssima a sua duração".

O Poder Judiciário, que foi uma das partes poupadas ao puro nominalismo da Carta, não deixou de sofrer o contraste da vontade presidencial, que poderia opor-se à declaração de inconstitucionalidade, afirmando o primado do presidente da República. Garantias individuais ficaram suspensas pela declaração do estado de emergência no próprio texto da Carta[162]".

A Constituição Federal de 18 de setembro de 1946

retomou a linha democrática de 1934. É texto que se distingue pelo equilíbrio das soluções adotadas, refletindo a homogeneidade que prevaleceu nas deliberações da Assembleia Nacional Constituinte. Como em 1934, os poderes da União adquiriram notável extensão, impondo o correlato recolhimento dos poderes estaduais. Restabeleceu-se o bicameralismo, fundado na equivalência das competências da Câmara dos Deputados e do Senado Federal, dentro do estilo constitucional de 1891. O regime presidencial continuou dominado pela figura solar do presidente da República. O vice-presidente da República retornou à composição do Poder Executivo, cabendo-lhe a presidência do Senado Federal, de acordo com o figurino de 1891. Incorporaram-se ao Poder Judiciário a Justiça do Trabalho e o Tribunal Federal de Recursos. Consagrou-se a ortodoxia do regime, vedando a organização, o registro ou o funcionamento de partido político ou associação que contrariasse o regime democrático, fundado na pluralidade dos partidos e na garantia dos direitos fundamentais do homem. Estipulou-se na Ordem Econômica o condicionamento do uso da propriedade ao bem-estar social. Manteve-se a faculdade intervencionista da União no domínio econômico, limitando a intervenção à exigência do interesse público e o respeito aos direitos fundamentais assegurados na Constituição[163]".

[162] "A estrutura federal de Estado, nominalmente referida, conheceu o processo de sua ulterior desconstitucionalização, na via do decreto-lei, que implantou o Estado unitário, em substituição ao Estado Federal que a Carta havia comtemplado. Na sua vigência, que durou sete anos e dez meses, a Carta recebeu vinte e uma emendas, dentre elas as de nºs 14 e 15, que declararam ilimitados os poderes da Assembléia Constituinte, convocada para elaborar a nova Constituição do País".

[163] "Durante a vigência da Constituição de 1946, que durou vinte anos e seis meses, foram aprovadas vinte e uma emendas ao seu texto, formado por duzentos e dezoito artigos (...) Algumas das emendas modificaram em profundidade, a Constituição originária, como a que instituiu, transitoriamente, o sistema parlamentar de governo, a desapropriação da propriedade territorial rural, o processo legislativo fundado na iniciativa presidencial da legislação de urgência, a reintegração dos juízes federais no Poder Judiciário, o sistema

A Constituição de 24 de janeiro de 1967

projetou no seu texto inovações que surgiram sob forma anterior de Emendas à Constituição de 1946, como as que se situavam no plano do processo legislativo e da reformulação do sistema tributário, ou tiveram curso inicial em Atos Institucionais vinculados ao movimento de março de 1964. É no domínio de tais inovações que localizamos a contribuição da Constituição Federal de 1967. O processo legislativo abreviou-se com a adoção da legislação de urgência, dentro de prazos constitucionalmente fixados.

Outro acelerador da legislação residiu na delegação legislativa, que não se utilizou, preferindo o Executivo valer-se da legislação de urgência e da legislação direta por intermédio dos decretos-leis. Esses instrumentos ampliaram os poderes presidenciais e levaram à exacerbação do presidencialismo. A Constituição adotou a eleição indireta do Presidente da República, por colégio eleitoral formado pelos membros do Congresso Nacional e delegados indicados pelas Assembléias Legislativas Estaduais, suprimindo a eleição popular invariavelmente adotada nas Constituições Federais anteriores. O Poder Judiciário não recebeu modificações de monta, salvo na suspensão das garantias dos magistrados, admitida nos Atos Institucionais. O abuso de direitos individuais, expressamente previsto na Constituição, poderia motivar a suspensão desses direitos, temporariamente, por decisão do Supremo Tribunal Federal. A Ordem Econômica manteve a desapropriação da propriedade territorial rural, mediante condições, e a faculdade da União de intervir no domínio econômico. A Constituição de 1967 foi também rompida, como a de 1946, pela sucessiva expedição de Atos Institucionais a começar do Ato nº 5, de 13 de dezembro de 1968, que substituiu o regime presidencial pela ditadura presidencial. Durante sua vigência, que durou vinte e um anos, até a promulgação da Constituição de 1988, a Constituição recebeu vinte e sete emendas. A Emenda nº 1, de 1969, constitui verdadeira consolidação do texto único constitucional, que os desavisados confundem com nova Constituição, pois contém duzentos artigos, onze além do texto originário[164]".

tributário nacional. A pluralidade de emendas constitucionais fragmentou a Constituição em normas esparsas e a expedição de quatro Atos Institucionais apressaram a ruptura do texto, mergulhando o regime político no autoritarismo incompatível com as fontes liberais da Constituição".

[164] "As Emendas ns. 22, de 1982 e 25 de 1985, restabeleceram, respectivamente, as eleições diretas para Prefeitos, Presidente e Vice – Presidente da República. A Emenda n. 26, de 1985,

A Constituição federal de 1988

operou transformação substancial, e às vezes radical na estrutura constitucional que a precedeu. Ao contrário das Constituições anteriores, que consolidaram instituições e deferiram ao legislador ordinário a incumbência de promover as medidas antecipadoras preconizadas no texto constitucional, a Constituição de 1988 não se limitou à consolidação e ao aprimoramento das instituições. Consagrou, desde logo, cláusulas constitucionais transformadoras, com o objetivo de alterar relações econômicas, políticas e sociais, dentro de concepção mais avançada sobre os fins do Estado, do Poder, da Sociedade e da Economia O capitalismo liberal de Constituições anteriores recebeu um golpe profundo. Ainda não é uma Constituição socialista, mas as regras socializantes são abundantes na nova Constituição. As transformações da estrutura constitucional foram de natureza formal e material. Sob o primeiro aspecto, deslocou para a abertura da Constituição a Declaração de Direitos, expressão que abandonou, para adotar a "Dos Direitos e Garantias Fundamentais", terminologia em voga no atual constitucionalismo europeu. O deslocamento exprime a clara intenção do constituinte no sentido de conferir primazia ao enunciado dos Direitos e Garantias Fundamentais, dando-lhe precedência sobre a Organização do Estado e dos Poderes, invertendo a técnica formal das Constituições anteriores. Os Direitos e Garantias Fundamentais expandiram-se nos Direitos e Deveres Individuais e Coletivos e nos Direitos Sociais, aumentando o conteúdo material desse campo constitucional[165]".

dispôs sobre a Assembléia Nacional Constituinte, livre e soberana, encarregada de elaborar a nova Constituição Federal, que acaba de ser promulgada."

165 "O conteúdo material da Constituição dilatou-se consideravelmente pela inclusão de temas novos. Na Ordem Econômica, sede de "cláusulas transformadoras", introduziram-se as regras e os novos títulos que designam a Política Urbana, a Política Agrícola e Fundiária, a Reforma Agrária e o Sistema Financeiro Nacional. Na ordem Social, a temática inovadora acha-se distribuída no capítulo da Seguridade Social, compreendendo Saúde, Previdência Social e Assistência Social. Constituem matéria nova no ordenamento constitucional brasileiro os temas relativos à Ciência e Tecnologia, Comunicação, Meio Ambiente, Criança, Adolescente e Idoso. Tema de referência breve na Constituição de 1967, alargou-se, materialmente, na Constituição nova o tratamento dispensado aos Índios, suas comunidades, organizações e recursos existentes nas terras indígenas. As transformações operadas na estrutura constitucional, que assinalam a ruptura entre a nova Constituição e as Constituições anteriores, refletiram-se na extensão do documento constitucional, que contém duzentos e quarenta e cinco artigos na parte permanente e setenta e seis artigos no Ato das Disposições Transitórias".

Como visto, a Constituição de 1988 ordena, no Título II, os Capítulos I a V incluindo, sob a denominação: "Dos Direitos e Garantias Fundamentais" temas, tais como: Direitos e Deveres Individuais e Coletivos, Direitos Sociais, Nacionalidade, Direitos Políticos e Partidos Políticos.

Ocorre assim referir, conforme Martín – Retortillo, se nesse referido Título II *todos* os direitos enumerados são *fundamentais* e se haveria *outros* direitos *fundamentais*, não enumerados.

Explica Jorge Miranda[166]: "Os direitos fundamentais reportam-se sempre à pessoa humana, mas há bens jurídicos da pessoa que só podem ser salvaguardados no âmbito ou através de instituições (associações, grupos de qualquer natureza, instituições *stricto sensu*) dotadas de maior ou menor autonomia frente aos indivíduos que, em cada momento, as constituem. Trata-se sempre da protecção da *pessoa*, da promoção, da realização da *pessoa*, mas essa realização passa pela atribuição de direitos a determinadas instituições (personificadas, ou não)".

Esta dupla noção", acrescenta, "pois os dois sentidos podem ou devem não coincidir – pretende-se susceptível de permitir o estudo de diversos sistemas jurídicos, sem escamotear a atinência das concepções de direitos fundamentais com as ideias de Direito, os regimes políticos e as ideologias. Além disso, recobre múltiplas categorias de direitos quanto à titularidade, quanto ao objecto ou ao conteúdo e quanto à estrutura e abrange verdadeiros e próprios direitos subjectivos, expectativas, pretensões e interesses legítimos".

Canotilho[167] propõe um *regime geral dos direitos fundamentais*, distinguindo as expressões "direitos do homem" (originários da natureza do humano, daí seu caráter inviolável, intemporal e universal, válidos para todos os povos) e "direitos fundamentais" (direitos objetivamente vigentes numa ordem jurídica concreta, isto é, direitos do homem, jurídico / institucionalmente garantidos e limitados espaço / temporalmente).

Refere e demonstra as distinções básicas entre as várias espécies de direitos constitucionalmente consagrados, a partir dos *direitos fundamen-*

[166] "Manual de Direito Constitucional". Coimbra, 1988, n. IV, pp. 11, 74 n. II. "A distinção de direitos fundamentais em sentido formal e direitos fundamentais em sentido material remonta ao IX aditamento (de 1791) à Constituição dos EEUU e encontra-se, expressa ou implicitamente, em diversas Constituições, entre as quais as portuguesas de 1911, 1933 e 1976".

[167] J. J. Gomes Canotilho, "Direito Constitucional e Teoria da Constituição", op. cit., pp. 359-369, 372, 399

tais e estes mesmos passam a ser analisados num dúplice aspecto: "direitos fundamentais formalmente constitucionais, aqueles enumerados e protegidos por normas de valor constitucional formal (normas que têm a forma constitucional) e outros, que a Constituição admite como tais, constantes das leis e das regras aplicáveis do direito internacional: os direitos materialmente fundamentais".

E expõe outra distinção:

> "Há direitos fundamentais consagrados na Constituição que só pelo facto de se beneficiarem da positivação constitucional merecem a classificação de constitucionais (e fundamentais) mas seu conteúdo não se pode considerar materialmente fundamental; outros, pelo contrário, além de revestirem a forma constitucional, devem considerar-se materiais quanto à sua natureza intrínseca(direitos formal e materialmente fundamentais)".

Ressalva que, "no plano jurídico constitucional, trata-se de uma distinção dificilmente compatível com o regime geral dos direitos fundamentais positivamente consagrados" e propõe, como visto, um *regime geral dos direitos fundamentais*, quer sejam consagrados como "direitos, liberdades e garantias", ou como "direitos econômicos, sociais e culturais" e quer se encontrem no "catálogo dos direitos fundamentais", ou não, dispersos pela Constituição(o princípio da universalidade; o princípio da igualdade; o princípio de acesso aos direitos e aos tribunais) e um *regime especifico* dos direitos, liberdades e garantias e aos direitos de "natureza análoga"; uma disciplina jurídica de natureza particular, consagrada nas normas constitucionais[168].

[168] Quanto ao *regime próprio* dos direitos, liberdades e garantias, elenca como "traços caracterizadores, conforme a Constituição portuguesa: a aplicabilidade direta das normas que os reconhecem, consagram ou garantem; vinculatividade de entidades públicas e privadas; reserva da lei para sua restrição; princípio da autorização constitucional expressa para sua restrição; princípio da proporcionalidade como princípio informador das leis restritivas; princípio da generalidade e abstração das leis restritivas; princípio da não retroatividade de leis restritivas; princípio da salvaguarda do núcleo essencial; limitação da possibilidade de suspensão nos casos de estado de sitio e estado de emergência; garantia do direito de resistência; garantia da responsabilidade do Estado e demais entidades públicas; garantia perante o exercício da ação penal e da adoção de medidas de polícia e garantia contra "leis de revisão" restritivas de seu conteúdo".

Nicola Matteucci refere, ainda, uma inversão das tendências em defesa dos direitos humanos, dado que, após as transformações sociais do século passado, "não se chegou a uma situação garantida definitivamente"[169].

"Mas, quais são os direitos fundamentais?"
Destacamos[170] também palavras de Martin-Retortillo e Pardo[171] referindo não ter havido respostas terminantes e unívocas algumas, mesmo, resultando em idêntica resposta:

> "Direitos fundamentais são os que a Constituição reconhece". Contudo, a questão permanece: "O jurista conhecedor de seu ofício que lê o texto da Constituição observa que a sucessão de palavras é uma sucessão de altos e baixos. O não especialista dirá, sim, sem mais complicações, do catálogo de direitos fundamentais e celebrará a amplitude (...) e mesmo destacará, talvez, a incorporação dos direitos econômicos e sociais. Como se tudo fosse plano e uniforme mas isto não satisfaz por simplista e inexato. Porquanto a resposta constitucional tem sido, como destacado, muito complexa, plena de escalonamentos, valorações e graduações, expressos freqüentemente por referências indiretas que não se apreendem à simples vista. Não há um tratamento global e unitário senão, pelo contrário, uma pluralidade de respostas que irão exigir, de imediato, precisões sem fim".

[169] Importante anotar a observação de Matteucci, ("Dicionário de Política", Norberto Bobbio, N. Matteucci e Gianfranco Pasquino, UnB, Brasília, s/data): "A atualidade é demonstrada pelo fato de hoje"(1983) "se lutar, em todo o mundo, de uma forma diversa, pelos direitos civís, pelos direitos políticos e pelos direitos sociais: fatualmente, eles podem não coexistir, mas, em vias de princípio são três espécies de direitos que para serem verdadeiramente garantidos devem existir solidários. Luta-se ainda por estes direitos porque após as grandes transformações sociais não se chegou a uma situação garantida definitivamente, como sonhou o otimismo iluminista. As ameaças podem vir do Estado, como no passado, mas podem vir também da sociedade de massa, com seus conformismos, ou da sociedade industrial, com sua desumanização. É significativo tudo isso, na medida em que a tendência do século" (xx) "atual e do século passado parecia dominada pela luta em prol dos direitos sociais, e agora se assiste a uma inversão de tendências e se retoma a batalha pelos direitos civís". (p. 355)

[170] Maria Garcia, "Mas, quais são os direitos fundamentais?", Revista de Direito Constitucional e Internacional 39/2002, Revista dos Tribunais, São Paulo, pp. 115 e segs.

[171] Lorenzo Martin-Retortillo e Ignacio de Otto y Pardo, "Derechos fundamentales y Constitución", Civitas, Madrid, 1988, pp. 65-66. Tradução livre.

Seguindo os parâmetros de Lassalle[172] para a qualificação de uma *lei fundamental* (a Constituição) serão considerados *direitos fundamentais*: 1º – os *direitos básicos*, mais do que os demais, alicerces, base antropológica dos direitos fundamentais; 2º – *fundamentos* de outros direitos: os direitos fundamentais deverão "informar e engendrar" os demais direitos constitucionalmente assegurados, além de outros materialmente constitucionais; e 3º – esses direitos fundamentais existem porque *necessariamente* devem existir, "o que são e como são, sem poderem ser de outro modo", regendo-se por uma "necessidade ativa", "uma força eficaz e determinante que atúa sobre tudo o que nela se baseia", ou fundamenta, – "fazendo-a assim e não de outro modo".

Nessa conformidade, distinguem-se:

(1) Os *direitos fundamentais básicos*, constantes do art. 5º, *caput*: *vida, liberdade, igualdade*, que constituem o fundamento de todos os demais direitos dado que direitos, deveres, bens, órgãos, instituições refluem, todos, para aqueles direitos essenciais, a um destinatário primeiro e especial, o *ser humano*. (2) Todos os direitos e garantias *diretamente* vinculados a um dos direitos fundamentais básicos. (3) Todos os demais direitos compõem o quadro dos direitos humanos constitucionalmente consagrados.

172 Ferdinand Lassalle, "A Essência da Constituição", Liber Juris, Rio de Janeiro, 1985, pp. 9-11, "Qual a diferença entre uma Constituição e uma simples lei? A esta pergunta responderão: Constituição não é uma lei como as outras, é uma *lei fundamental* da nação (...) como distinguir uma lei da *lei fundamental*? (...) Para isso será necessário: 1º – Que a lei fundamental seja uma *lei básica*, mais do que as outras comuns, como indica seu próprio nome "fundamental". 2º – Que constitúa, – pois de outra forma não poderíamos chamá-la de fundamental – o verdadeiro fundamento das outras leis; isto é, a *lei fundamental*, se realmente pretende ser merecedora desse nome, deverá informar e engendrar as outras leis comuns originárias da mesma. *A lei fundamental*, para sê-lo, deverá, pois, atuar e *irradiar-se* através das leis comuns do país. 3º – Mas as coisas que têm um *fundamento* não o são por um capricho; existem porque, *necessariamente* devem existir. O fundamento a que respondem não permite serem *de outro* modo. Somente as coisas que *carecem de fundamento*, que são as casuais e as fortuitas, podem ser como são ou mesmo de qualquer outra forma; as que possuem um *fundamento*, não. Elas se regem pela necessidade. (...) A idéia de fundamento traz, implicitamente, a noção de uma necessidade ativa, de uma força eficaz e determinante que atúa sobre tudo que nela se baseia, *fazendo-a assim e não de outro modo*. (...) uma *força ativa* que faz, por uma *exigência de necessidade*, que todas as outras leis e instituições jurídicas vigentes no país *sejam o que realmente são*. Promulgada, a partir desse instante, *não se pode* decretar, naquele país, embora possam querer, *outras leis contrárias à fundamental*".

Conforme José Afonso da Silva[173]:

> "*Direitos fundamentais do homem* constitui a expressão mais adequada a este estudo, porque, além de referir-se a princípios que resumem a concepção do mundo e informam a ideologia política de cada ordenamento jurídico, é reservada para designar, *no nível do direito positivo*, aquelas prerrogativas e instituições que ele concretiza em garantias de uma convivência digna, livre e igual de todas as pessoas. No qualificativo *fundamentais* acha-se a indicação de que se trata de situações jurídicas sem as quais a pessoa humana não se realiza, não convive e, às vezes, nem mesmo sobrevive; fundamentais do *homem* no sentido de que a todos, por igual, devem ser, não apenas formalmente reconhecidos, mas concreta e materialmente efetivados".

Temos afirmado que existirá na história dos povos, efetivamente, uma única Constituição, a partir daquela que registrou o pacto fundacional, instituindo o Estado/ Nação.

A destacar, a Cidadania:

A existência de uma Nação brasileira no momento 1822 – 1824, resulta de três séculos de formação, desde o chamado Descobrimento, em 1500: neles encontram-se fatos, traços, características e vínculos representativos e próprios, conforme proclamou o art. 1° da Constituição de 1824:

> "O Império do Brazil é a associação Política de todos os Cidadãos Brazileiros. Elles formam uma Nação livre, e independente, que não admitte com qualquer outro laço algum de união, ou federação, que se oponha à sua Independência".

Assim a Declaração do art. 179 – "Direitos Políticos e Individuais dos Cidadãos", destacando-se o disposto inciso XXX:

> "Todo o Cidadão poderá apresentar por escripto ao Poder Legislativo, e ao Executivo reclamações, queixas, ou petições, *e até expôr qualquer infracção da Constituição, requerendo perante a competente Auctoridade a effectiva responsabilidade dos infractores*". (grifamos)

Tem-se, nessa disposição constitucional (além do direito de petição e de representação, também expressos no Texto de 1988), a arguição de incons-

[173] "Curso de Direito Constitucional Positivo", Malheiros, São Paulo, 26ª edição, p. 178

titucionalidade como *prerrogativa* atribuída a todo Cidadão. Essa possibilidade de o próprio cidadão proceder à defesa da Constituição representa uma garantia do *exercício da cidadania*, como a consulta popular (art. 14), e a intervenção do cidadão perante os Tribunais de Contas (§ 2º, art. 74).

Daí a questão: estaria em vigor, hoje, aquele *direito fundamental de arguir inconstitucionalidade*, conforme o art.179, XXX, da Constituição de 1824? Parece-nos que sim, porquanto esse direito fundamental se demonstra especial característica do Estado Democrático de Direito, conforme constituída a República Federativa do Brasil, sendo a *cidadania* um dos seus fundamentos (art.1º, II) – máxima expressão da liberdade.

Então pode-se reafirmar: a impossibilidade da repetição do mesmo fenômeno histórico e cultural da *fundação*, a cada momento, de uma nova Constituição. Existe um *continuum* nas gerações dos povos, uma tradição que, na essência, carrega em si e transmite ideias, signos, arquétipos, instituições, não obstante as mudanças e transformações próprias da dinâmica social. O que persiste e permanece, é um único pacto fundador daquela nação, daquele povo, projetando-se pelo tempo histórico e humano.

Assim, os *direitos fundamentais* estatuídos na Constituição original e nas sucessivas Constituições, *integrados no patrimônio dos cidadãos*, seus destinatários então e sempre, por força constitucional, tornam-se cláusulas pétreas, indevassáveis às reformas constitucionais e imunes às novas Constituições, por isso que fundamentais.

Capítulo 5
A Constituição Canônica e os Direitos Humanos Fundamentais

5.1. A Constituição, *lei fundamental*

Entre as várias concepções sobre a formação do Estado resulta de consenso a sua ocorrência / origem, a partir de um momento de autodeterminação em que são estabelecidas as leis de organização e convivência social, a partir da vontade política de um povo, que assim determina sua vocação histórica, através da lei.

Conforme referido, em "Alabanza de la lei"[174], Werner Jaeger refere a especial preocupação de Platão com *as leis*: a autoridade da lei fora perturbada nos dias de Sócrates e dos sofistas e Platão compreendera a importância das leis para a estruturação da sociedade humana; daí que, em "O Político", enfrentasse o problema das leis e louvasse as instituições legais, embora com reservas filosóficas e apresentasse, em sua última grande obra "As Leis", o legislador filósofo que regula a vida social e política nos seus pormenores, mediante leis escritas.

Assim, escreveu "As Leis", diz Jaeger, "num esforço consciente para impregná-las com a idéia da educação a fim de que pudessem cumprir, afinal, na realidade, a tarefa que o Estado ateniense havia determinado à lei, nos tempos de Péricles: ser a *educadora do povo*".

Suas considerações gerais sobre a natureza da lei verdadeira, refere Jaeger, são parte do Livro Primeiro da sua obra[175], no qual desenvolve esforços para fazer *derivar a autoridade da lei de uma fonte que lhe desse suprema validade*:

[174] Op. cit., pp. 13 e segs. Tradução livre.

[175] "As Leis / Epinomis", Edipro, São Paulo, 1999. Prefácio Dalmo de Abreu Dallari.

esta fonte, conclui, é a "reta razão (*orthos logos*) e o legislador é o sábio que formula essa razão por escrito. O consentimento do povo converte essa palavra escrita em *lei*.

A lei é, portanto, pensamento racional (*logismós*) que se converteu em *dogma poleos*, é dizer, que foi sancionado pela cidade (*polis*), "portanto, obrigatória para todos".

A Constituição como *lei*, pode-se visualizar na descrição platônica, portanto, como *lex superior*, desde logo, origem evalidade de todas as leis, fundamento do ordenamento jurídico e a ela se aplicam todas as contingências da história e do tempo, dos anseios e pleitos das sucessivas gerações de um mesmo povo que apenas muda no circunstancial pertencendo, em essência, às suas origens.

Assim, também, as Constituições mudam, no tempo, formal ou informalmente, numa dinâmica sem fim. Não, na sua essência, ou seja, naquilo que justificou a criação de um determinado Estado: assim entende Hesse[176], como visto, que a Constituição "deve permanecer incompleta e inacabada por ser a vida que pretende normar vida histórica enquanto tal, e submetida a mudanças históricas, (...) seu conteúdo terá de permanecer necessariamente "*aberto ao tempo*". Essencialmente a Constituição de um povo centraliza o pacto fundante que, como tal, permanece no tempo e na História.

Ressalva Hesse:

> "Esta amplitude e indeterminação da Constituição não supõe, no entanto, sua dissolução numa dinâmica absoluta em virtude da qual a Constituição se visse incapacitada para abarcar a vida da comunidade.

176 "Escritos de Derecho Constitucional", op. cit., pp. 16, 19 n. 23. Conforme visto, conceitúa: "A Constituição é a *ordem jurídica fundamental da Comunidade*. A Constituição fixa os princípios básicos com referência aos quais se deve formar a unidade política e devem-se assumir as funções do Estado. Contém os procedimentos para resolver os conflitos dentro da Comunidade. Regula a organização e o procedimento de formação da unidade política e a atuação estatal. Cria as bases e determina os princípios da ordem jurídica no seu conjunto. Em tudo isso é a Constituição "o plano estrutural básico, orientado a determinados princípios de sentido para a conformação jurídica de uma Comunidade". Na Introdução, Pedro Cruz Villalon, comenta: "Hesse define a constituição como "ordem jurídica fundamental da Comunidade (*Gemeinwesen*)", em cuja definição talvez o mais destacável seja o termo com que se designa o sujeito – objeto dessa ordem jurídica fundamental. Com o mesmo pretende-se por de manifesto a insuficiência do sujeito e objeto "Estado" no constitucionalismo contemporâneo, assim como a relativa invalidade da tradicional separação Estado – Sociedade" (p. XIV). Tradução livre.

> A Constituição não se limita a deixar aberto senão que estabelece, com caráter vinculante, o que não deve ficar em aberto.
>
> (...) Não devem ficar indeterminados os *fundamentos de ordem da Comunidade*. (...) criando-se um núcleo estável daquilo que já não se discute, que não é discutível e que, porisso, não necessita novo acordo e nova decisão. A Constituição pretende criar um núcleo estável daquilo que deve considerar-se decidido, estabilizado e distendido.
>
> (...) Também não devem ficar indeterminados a *estrutura* estatal e o procedimento pelo qual devem decidir-se as questões deixadas abertas.
>
> (...) Tanto por meio do que deixa aberto como pelo que não deixa aberto, a Constituição produz esses efeitos" (estabilizador e de distensão) "nos quais se estabelece sua função na vida da Comunidade"[177]

Fixamo-nos portanto, nesse fato primeiro, do estabelecimento de um pacto de convivência para uma sociedade politicamente organizada: a Constituição Imperial de 1824 cujo artigo 1º estabelece, como visto:

> "O Império do Brazil é a associação Politica de todos os Cidadãos Brazileiros. Elles formam uma Nação livre, e independente, que não admitte com qualquer outra laço algum de união, ou federação, que se opponha á sua Independência".

E ao final, encontra-se prevista toda a conformação político / organizacional, o artigo 179, que nos seus XXXV incisos enumera os "Direitos Políticos e Individuais dos Cidadãos".

Firma-se, assim, o pacto Estado / Cidadão e a partir daí, a impossibilidade da repetição do *mesmo fenômeno histórico / político / jurídico*, a cada *nova* Constituição pois existe um *continuum* nas gerações dos povos e uma *tradição* que, na sua essência, carrega e transmite instituições, signos, símbolos, pleitos e ideias, não obstante as mudanças e transformações temporais e circunstanciais que, a partir inevitavelmente, de *um momento inicial*, provêm, portanto, de algo preexistente e imutável, desde a origem, o qual determina seja *este o Povo, deste Estado*, organizado originariamente por *uma Constituição*, vindos de um momento inicial, único, no tempo e no espaço.

O fenômeno de uma Constituição que se prolonga no tempo, na sua essencialidade, equivale à celebrada existência de "Leis não – escritas",

[177] Idem, pp. 19-21.

conforme a obra de Sófocles (495-406 a. C.), como ressalta Franklin de Oliveira[178]:

> "A "Antígona" é a primeira grande declaração de direitos humanos elaborada no Ocidente (...) pela proclamação que faz do valor incondicional da personalidade humana. Neste sentido, em pleno século V de Atenas, a "Antígona" anuncia a Magna Charta (1215); a Ata do Habeas - Corpus (1679); o "Bill of Rights" (1688); as Declarações da Virginia e da Pensilvânia (1776); a Declaração dos Direitos do Homem e do Cidadão (1789); a Declaração dos Direitos de Massachussetts (1780); a Proclamação do Direito de Não ter Medo, de Roosevelt (1971); a Declaração Universal dos Direitos Humanos (ONU, 1948); e a Convenção Européia para Garantia dos Direitos Humanos (Roma, 1950). Vemos, assim, que a partir da "Antígona", as "leis não - escritas ganharam texto".
>
> Num determinado momento, Antígona diz a Creonte: "... Nem nas tuas ordens reconheço força que a um mortal permita violar as intangíveis e não - escritas leis dos deuses".

Ainda no famoso diálogo, pergunta Creonte: "Mas, de onde procederiam essas leis?". Responde Antígona: "Elas não são de hoje, ou de ontem; são de sempre".

5.2. *O Kannon* constitucional: Vida, Liberdade, Igualdade

Em 1994, Harold Bloom publica "O Cânone Ocidental"[179] expondo: "Este livro estuda vinte e seis escritores, necessariamente com certa nostalgia, pois tento isolar as qualidades que os tornam canônicos, ou seja, obrigatórios em nossa cultura" e explica:

> "Toda originalidade literária forte se torna canônica. Os cânones, que negam a distinção entre conhecimento e opinião, que são instrumentos de sobrevivência feitos para resistir ao tempo, não à razão, são evidentemente desconstrutíveis; se as pessoas acham que não deve haver tais coisas, podem muito bem encontrar os meios para destruí-las".

[178] "As Leis não - escritas" *in* Folha de S. Paulo, 22/2/1976, p. 3

[179] Objetiva, Rio de Janeiro, 1995. Prefacio.

Cânon, do grego *kanon*, tem, entre outros significados, o de "critério ou regra de escolhas para um campo qualquer de conhecimento ou de ação", segundo Abbagnano[180].

Refletindo sobre o que constitui e representa o cânone, já em termos jurídicos[181] referimos a palavra grega *Kanon*, significando *critério*, ou *regra* de escolha para determinada área do conhecimento ou de ação: em termos gerais, corresponde à garantia de uma tradição, de um rol ou listagem resultante de critérios ou regras de valores permanentes.

A esse respeito, merece transcrição trecho do citado Cleanth Brooks, "Em defesa do Cânon[182]:

> "Minha intimidade com o que ora conhecemos como cânon começou quando eu tinha cinco anos de idade, época em que vim a possuir meu primeiro livro. Era uma versão muito simplificada da história contada na "Ilíada", de Homero. Eu mal podia lê-la, mas meu pai a interpretou para mim e decidiu desenvolvê-la, explicando costumes e atividades que eu não entendia.

[180] Nicola Abbagnano, op. cit., registra ainda: "É provável que esse termo tenha sido introduzido pelo escultor Policleto, que deu esse título a uma obra na qual descreve a simetria do corpo e indicava as regras e as proporções que o escultor deve respeitar". A Enciclopédia Larousse Cultural, op. cit., anota: "Cânon ou Cânone, do grego *kanon*, regra: pelo lat. *Canon*). 1. Conjunto de normas que fixam a constituição da Igreja Católica e regulam a disciplina eclesiástica; (...) 4. Regras, modelo: *o cânon da beleza clássica. Filos.* Conjunto de regras que servem para enunciar um sistema. *Mús.* Expressão usada pela primeira vez no século XV para designar o processo de compor até então conhecido como *rondó* (...) atualmente, o termo designa uma composição musical cujo tema, apresentado por uma voz, em seguida é repetido do começo ao fim por todas as outras vozes, que se entrosam funcionalmente. *Relig.* Catálogo dos livros da Bíblia considerados proféticos. *B. Artes.* Desde os egípcios, a representação do corpo humano esteve submetida a um *cânon*. Na Grécia, o cânon de Policleto (proporções largas e curtas); mais tarde, Lisipo avançou na direção de formas mais alongadas („,) Os artistas da Renascença conheceram o cânon de Lisipo através das regras fixadas por Vitrúvio. Tentaram, a partir de novas medidas e observações, estabelecer um novo código (Alberti), mostrar que diversas regras são possíveis (Dürer)e que as proporções do corpo humano são parte integrante de uma verdade e de uma harmonia cósmicas (Leonardo da Vinci)". O Novo Dicionário da Bíblia (Vida Nova, São Paulo) refere: "O vocábulo grego *kanon*, que é de origem semítica (cf. o hebraico qa*neh*, em Ezequiel 40:3...) originalmente significava instrumento de medir, para mais tarde ser empregado no sentido metafórico de "regra de ação" (...) No uso grego, a palavra *cânon* parece ter primeiramente denotado apenas a *lista* de escritos sagrados mas, no latim também se tornou nome para as próprias Escrituras".

[181] Maria Garcia, "A Constituição Política de 1824: a instituição do Brasil. As metamorfoses do Estado e a Constituição permanente: o pacto fundacional", *in* Revista de Direito Constitucional e Internacional n. 56, 2006, pp. 196 e segs.

[182] "Em defesa do Cânon" op. e loc. cits.

Eu não sabia que estava me deparando com o cânon. Fora-me dito apenas que a "Ilíada" era uma história muito antiga e famosa de algo que ocorreu há muitos séculos, uma história tida como memorável e que valia a pena perpetuar".

O *cânon* vai defrontar-se com a Modernidade e, neste ponto, deve-se anotar a observação de Descartes[183]:

"E como, quando derrubamos uma velha habitação, ordinariamente reservamos as demolições para aproveitá-las na construção de uma nova casa, assim destruindo todas aquelas de minhas opiniões que eu julgava mal fundadas, eu fazia diversas observações e adquiria muitas experiências que depois me serviram para estabelecer outras mais certas".

Esse o sentido da Modernidade que refere Marshall Berman[184]:

"Ser moderno é viver uma vida de paradoxo e contradição. (...)É ser ao mesmo tempo revolucionário e conservador: aberto a novas possibilidades de experiência e aventura, aterrorizado pelo abismo niilista ao qual tantas das aventuras modernas conduzem, na expectativa de criar e conservar algo real, ainda quando tudo em volta se desfaz.

(...) Um tipo de experiência vital – experiência de tempo e espaço, de si mesmo e dos outros, das possibilidades e perigos da vida – que é compartilhada por homens e mulheres em todo o mundo. Designarei esse conjunto de experiências como "modernidade".

(...) Pode acontecer então que voltar atrás seja uma maneira de seguir adiante: (...)levar o modernismo de volta às suas raízes, para que ele possa nutrir-se e renovar-se, tornando-se apto a enfrentar as aventuras e perigos que estão por vir.

Apropriar-se das modernidades de ontem pode ser, ao mesmo tempo, uma crítica às modernidades de hoje e um ato de fé nas modernidades – e nos homens e mulheres modernos – de amanhã e do dia depois de amanhã".

[183] René Descartes, "Discurso sobre o método", Forense, Rio de Janeiro, 1968, p. 47.

[184] "Tudo que é sólido desmancha no ar. A aventura da modernidade". Companhia das Letras, São Paulo, Prefácio/Introdução, pp. 13, 15, 35.

Curtius[185], anota que a palavra surgiu no século IV a. C., no sentido de "relação de escritores" e H. Oppel, na obra "Kannon" afirma ter sido David Ruhnken (1.723 - 1.798) que introduziu o conceito de *cânon* na Filosofia.

A Constituição é o *kannon*

O critério, a tradição, a regra superior dirigida, portanto, "a públicos afastados no tempo e no espaço" (Janine Ribeiro), as sucessivas Constituições conduzem, expressa e implicitamente, ao que estrutura o *kannon* constitucional, "instrumento de sobrevivência, feito para resistir ao tempo" (Bloom): *as liberdades públicas, os direitos e garantias fundamentais*, formando a Constituição Canônica, desde a primeira, pacto fundante do Estado, da sociedade politicamente organizada.

A conhecida imagem heraclitiana de que "não é possível entrar duas vezes no mesmo rio"(Fragmento L)[186] também significa: "O rio passa e flui para afirmar-se continuamente como rio, sempre o mesmo porque lhe afluem sempre outras e outras águas" (Fragmento LI). É dizer, refere-se às águas, às margens e não ao *sulco, ao álveo dos rios*: assim a Constituição e o *kannon* constitucional.

5.3. A Constituição Canônica e os Direitos Humanos Fundamentais

Trazendo para a compreensão atual dos *direitos fundamentais* o entendimento de Lassalle sobre *lei fundamental* (a Constituição) constata-se, primeiramente, variadas denominações a respeito. Conforme assinalam

[185] *In* Harold Bloom, op. cit., pp. 27, 28. De onde veio a ideia de conceber uma obra literária que o mundo não deixasse voluntariamente morrer? (...) O conceito acha-se em Petrarca e é maravilhosamente desenvolvido por Shakespeare em seus sonetos. Já é um elemento latente no louvor de Dante à sua própria "Divina Comédia". (...) Para ele, seu poema era profecia, tanto quanto Isaias, logo talvez possamos dizer que Dante inventou nossa idéia moderna do canônico. Ernest Robert Curtius, eminente estudioso de assuntos medievais (...) sempre alerta para o destino das metáforas canônicas. (...) Identifica a origem da eternidade da fama poética na "Ilíada" e além, nas "Odes" de Horácio. (...) O Cânone, palavra religiosa, em suas origens tornou-se uma escolha entre textos que lutam uns com os outros pela sobrevivência, quer se interprete a escolha como sendo feita por grupos sociais dominantes, instituições de ensino, tradições de critica, ou, como eu faço, por autores que vieram depois e se sentem escolhidos por determinadas figuras ancestrais. (...) Uma esclarecedora teoria de formação do cânone é apresentada por Alastair Fowler em seu "Tipos de Literatura"(1982). Fowler observa que "as mudanças no gosto literário podem muitas vezes estar relacionadas a reavaliações de gêneros que as obras canônicas representam". (pp. 27-28).

[186] Alexandre Costa, "Heráclito. Fragmentos Contextualizados", Difel, 2002, pp. 205, 241.

Retortillo e Pardo[187] a diversidade semântica sobre o assunto abrange referências a direitos humanos, direitos individuais, direitos dos cidadãos, direitos políticos, direitos constitucionais, direitos fundamentais, ademais de liberdades públicas.

Afinal, autores definem-se pela expressão *direitos fundamentais* como o faz, também, o citado José Afonso da Silva[188](após assinalar que *direitos humanos* é expressão preferida nos documentos internacionais), consignando:

> "*Direitos fundamentais* do homem constitui a expressão mais adequada a este estudo porque, além de referir-se a princípios que resumem a concepção do mundo e informam a ideologia política de cada ordenamento jurídico, é reservada para designar, *no nível do direito positivo,* aquelas prerrogativas e instituições que ele concretiza em garantias de uma convivência digna, livre e igual de todas as pessoas".
>
> *Direitos fundamentais do homem* significa *direitos fundamentais da pessoa humana* ou *direitos fundamentais.* É com esse conteúdo que a expressão *direitos fundamentais* encabeça o Titulo II da Constituição"[189].

[187] Lorenzo Martín-Retortillo e Ignácio de Otto y Pardo, op. cit., pp. 47-48, 79-80. Tradução livre.

[188] "Curso de Direito Constitucional Positivo", op. cit., p. 178.

[189] Martin-Retortillo e Pardo opõem uma dúvida, com referência à Constituição espanhola que igualmente estabelece, no seu Título Primeiro – Dos direitos e deveres fundamentais" perguntam: "Qual é a lista dos direitos fundamentais?" Verifica-se que no Capítulo II, Secção Primeira, estabelece a Constituição espanhola: "Dos direitos e garantias fundamentais e das liberdades públicas" e afirmam, então, o autor: "Nem tudo o que está na Secção Primeira vão ser direitos fundamentais, autênticas instituições, dos que derivará toda uma sequela de titularidades subjetivas. Mas há também muitas outras coisas (...) distintas dos direitos fundamentais. Não são universo morto – também são, sem dúvida, Constituição – pelo que, efetivamente traduzem importantes sequelas. Mas devem ser diferenciados dos direitos fundamentais". E reiteram: "O que se predica dos direitos fundamentais, aos direitos fundamentais há de afetar, não mais além, (...) ainda que estejam na Secção 1ª. Quando se pleiteia a proteção ante o Tribunal Constitucional somente o relacionado diretamente com um direito fundamental se abrirá, não nos outros casos" (op. cit. pp. 83-87). Uma questão final ainda coloca Martín-Retortillo, relativamente à referida Secção Primeira (pp. 89-91). "Recorde-se como grande parte das regras juridicas resenhadas entram no terreno do excepcional. "É bom e assim se quiz, que haja um regime próprio dos direitos fundamentais. Mas há que ser muito consciente dessa nota de excepcionalidade. De modo que, pelo mesmo, se amplia sem exigências nem exame a lista de direitos fundamentais, há de saber que se estão multiplicando as excepcionalidades", (op. cit., p. 68). Trata-se de uma preliminar a considerar, portanto, na questão dos direitos fundamentais.

Citando Bobbio, ao qualificar a Declaração Universal dos Direitos do Homem como "até agora maior prova histórica para o '*consensus omnium gentium*' com respeito a um sistema de valores determinado", Alexy registra que o Preâmbulo "exprime isso impressionantemente pelo fato de qualificar os direitos do homem 'como ideal comum a ser alcançado por todos os povos e nações'"[190].

De sublinhar, nesta parte, que nem toda matéria constitucional é *canônica*: há uma distinção necessária entre a perenidade de um núcleo básico, fundamental e aquilo atinente ás alterações da dinâmica social, de uma Constituição para outra, subsequente, inevitavelmente.

Daí a distinção necessária, o cerne da questão: (a) a permanência de um "núcleo estável"; e (b) com referência a todas as alterações constitucionais (Constituições subsequentes).

[190] Robert Alexy, "Direitos Fundamentais no Estado Constitucional Democrático. Para a relação entre direitos do homem, direitos fundamentais, democracia e jurisdição constitucional", *in* Revista de Direito Administrativo, Renovar, Rio de Janeiro, n. 217/1999, pp. 55 e segs. Assim, ao traçar as "cinco marcas definidoras dos direitos do homem", que os distinguem de outros direitos, enumera Alexy: 1. *direitos universais* ("a universalidade da titularidade consiste nisso, que direitos do homem são direitos que cabem a todos os homens"); 2. *direitos morais.* (O conceito de direito moral é ambíguo. Aqui ele deve ser empregado como conceito contrário para o conceito de direito jurídico – positivo. Direitos morais podem, simultaneamente, ser direitos jurídicos positivos, sua validez, porém, não pressupõe uma positivação"); 3. *direitos preferenciais* ("Apesar de seu caráter moral, direitos do homem estão em relação intima com o direito. Se existe um direito moral, portanto, fundamentável perante cada um, por exemplo, à vida, então também deve existir um direito, fundamentável, perante cada um, à concretização daquele direito (...). Direitos do homem estão, com isso, em uma relação necessária com o direito positivo, que está caracterizada pela prioridade dos direitos do homem"); 4. *direitos fundamentais* ("A relação interna, definida pela prioridade necessária, entre direitos do homem como direitos morais e o direito positivo desempenha na questão, quais conteúdos têm direitos do homem, um papel decisivo. (...) Deve tratar-se, em primeiro lugar, de interesses e carências que, em geral, podem e devem ser protegidos e fomentados pelo direito(...) e que o interesse ou a carência seja tão fundamental que a *necessidade* de seu respeito, sua proteção ou seu fomento se deixe fundamentar pelo direito. A fundamentalidade fundamenta, assim, a prioridade sobre todos os escalões do sistema jurídico, portanto, também perante o legislador. Um interesse ou uma carência é, nesse sentido, fundamental quando sua violação ou não – satisfação significa ou a morte ou sofrimento grave ou toca no núcleo essencial da autonomia"); 5. *direitos abstratos* ("Isso se mostra mais claramente na necessidade de sua restrição ou limitação que, por direitos de outros e pelo mandamento da conservação e fomento de bens coletivos como, por exemplo, da proteção do meio ambiente, é exigida. Qual restrição é admissível pode, no fundo, ser determinado apenas por ponderação.")

Raul Machado Horta, em estudo sobre "Permanência e Mudança na Constituição"[191] ressalta que "O acatamento à Constituição ultrapassa a imperatividade jurídica de seu comando supremo. Ocorre, também, da adesão à Constituição, que se espraia na alma coletiva da Nação, gerando formas difusas de obediência constitucional. É o domínio do sentimento constitucional".

Refere-se a Loewenstein ("Teoria de la Constitución") quando alude à reforma constitucional que "exprime o rompimento do compromisso que mantém o equilíbrio entre os grupos sociais, a Sociedade e o Estado". O segredo da estabilidade da Constituição norte-americana, das Constituições monárquicas da Suécia, Noruega, Dinamarca, Bélgica, Luxemburgo e Holanda decorre da raridade de emendas constitucionais:

> "A expressão sentimento constitucional, diz Loewenstein, designa comportamento psicológico e sociológico do existencialismo político. (...) O desconhecimento, a ignorância, o desprezo e o desrespeito sistemático à Constituição negam o sentimento constitucional e fazem da Constituição uma "folha de papel" que se agita na direção do vento. Essa conduta negativa opera a substituição da estabilidade pela fragilidade da Constituição".[192]

Ao tratar dos *fundamentos da ordem da Comunidade*, Konrad Hesse[193] adverte, como citado,que estes devem permanecer subtraídos à constante luta dos grupos e tendências, "criando-se um núcleo estável daquilo que já não se discute, que não é discutível e que, porisso, não precisa de novo acordo e nova decisão". É dizer, tudo o que diga respeito à própria origem da Comunidade, como tal, ou seja, da participação em algo comum, dando início ao *sentido de pertencimento.*

[191] *In* "Cadernos de Direito Constitucional e Ciência Política", Revista dos Tribunais, São Paulo, n. 1/ 1992, pp. 20 e segs.

[192] "Lowenstein aponta duas tendências que incluo no fenômeno geral da desestima: a desvalorização da Constituição escrita na democracia constitucional e a erosão da consciência constitucional. No primeiro caso, a desvalorização advém da inobservância da Constituição pelos titulares de Poder. São várias as razões que conduzem à ineficácia de preceitos constitucionais em decorrência da atitude de inadimplente: norma constitucional utópica e de difícil concretização, aversão de partidos políticos à aplicação da regra constitucional, pressão social e econômica contrária à complementação da norma. A utilização frequente do processo de emenda constitucional é outro elemento da desvalorização da Constituição. O volume pletórico das Emendas gera a indiferença e produz uma espécie de embotamento na consciência coletiva'. (p. 213)

[193] "Escritos de Derecho Constitucional", op. cit., n. 25, p. 20. Tradução livre

Desde logo, pode-se incluir nesse núcleo originário e estável, a afirmativa de que "o poder do Estado vem do povo"[194] e com ele, seu contraponto, o núcleo dos direitos e garantias fundamentais e a cidadania.

Assim exemplificamos em estudo[195] sobre dispositivos da Constituição Política de 1824: se afirmaria, hoje, que alguma lei não seja estabelecida visando a "utilidade publica" (art. 179, II)? Ou que "a independência do Poder Judicial" não seja, mais, garantia das pessoas (art. 179, XII)? Ou, ainda, que os Códigos Civil e Criminal não deverão estar fundados "nas sólidas bases da Justiça e Equidade" (art. 179, XVIII)?

Tais ditames, porque *constitucionais*, têm parte integrante em toda Constituição posteriormente promulgada, como fundação indestrutível e indestacável do edifício juridicamente erigido por determinado povo.

Nessa conformidade, o núcleo de direitos humanos fundamentais permanece no patrimônio humano e na Cidadania, fundamento do Estado, (art. 1º,II) de Constituição para Constituição, expressa e/ou implicitamente, conforme já afirmado.

Com efeito, se atentarmos bem, verificaremos que todos os direitos elencados na Constituição consolidam-se nos direitos à *vida, à liberdade, à igualdade.* Todos os demais direitos decorrem, direta ou indiretamente, desses três direitos humanos fundamentais, por necessária implicação.

Vida

"Organização miraculosa do organismo vivo e microcosmos do espírito que abrange o universo físico".

(Ludwig Von Bertalanffy"[196])

"É mais um processo (processo vital) que se instaura com a concepção (ou germinação vegetal) transforma-se, progride, mantendo sua identidade até que muda de qualidade deixando, então, de ser vida para ser morte. Tudo que interfere em prejuízo deste fluir espontâneo e incessante contraria a vida".

(José Afonso da Silva)[197]

[194] Eduardo Garcia de Enterría, em "La Constitución como norma y el Tribunal Constitucional", Civitas, Madrid, 1991, p. 43 (referindo-se a uma afirmação de Heller).

[195] Revista de Direito Constitucional e Internacional n. 56/2006, citada.

[196] "Teoria Geral dos Sistemas", Vozes, 1975, p. 247

[197] "Curso de Direito Constitucional Positivo", op. cit., p. 197.

Liberdade

"Liberdade – essa palavra que o sonho humano alimenta que não há ninguém que explique e ninguém que não entenda".

(Cecilia Meirelles)[198]

"Os homens são livres – diferentemente de possuírem o dom da liberdade – enquanto agem, nem antes, nem depois; pois ser livre a agir é a mesma coisa".

(Hannah Arendt)[199]

"O conceito de liberdade humana deve ser expresso no sentido de um *poder e atuação do homem em busca da sua realização pessoal, de sua felicidade*".

(José Afonso da Silva)[200]

Igualdade

"A compreensão do dispositivo do art. 5º, segundo o qual *todos são iguais perante a lei, sem distinção de qualquer natureza,* (...) o intérprete tem que aferi-lo juntamente com outras normas constitucionais, (...) e, especialmente, com as exigências da justiça social, objetivo da ordem econômica e da ordem social".

(José Afonso da Silva[201])

"Os homens nascem e permanecem livres e iguais em direitos. As distinções sociais não podem basear-se senão na utilidade comum".

(Declaração dos Direitos do Homem e do Cidadão, 1789, art.1)

198 "O Romanceiro da Inconfidência", Romance XXIV.

199 "Entre o passado e o futuro", Perspectiva, São Paulo, 1979, p 199.

200 "Curso de Direito Constitucional Positivo", op. cit., p. 233. E explicita: "*Formas da liberdade.* Já deixamos claro que ao Direito positivo interessa cuidar apenas da *liberdade objetiva* (liberdade de fazer, liberdade de atuar). É nesse sentido que se costuma falar em *liberdades* no plural (...) várias expressões externas da liberdade. *Liberdades*, no plural, são *formas da liberdade* que aqui, em função do Direito Constitucional positivo, vamos distinguir em cinco grandes grupos: (1) *liberdade da pessoa física* *liberdade de locomoção, de circulação); (2) *Liberdade de pensamento*, com todas as suas *liberdades* (opinião, religião, informação, artística, comunicação, do conhecimento); (3) *Liberdade de expressão* coletiva em suas várias formas (de reunião, de associação); (4) *Liberdade de ação profissional* (livre escolha e de exercício de trabalho, oficio, profissão); (5) *Liberdade de conteúdo econômico e social* (liberdade econômica, livre iniciativa, liberdade de comercio, liberdade ou autonomia contratual, liberdade de ensino, liberdade de trabalho). (p.235).

201 "Manual da Constituição de 1988", Malheiros, São Paulo, 2002, p. 27.

"O espírito de igualdade não consiste em se fazer que todo mundo mande, ou que ninguém seja mandado; consiste em mandar e obedecer a seus iguais. Não procura não ter chefe; mas só ter como chefes os seus iguais".
(Montesquieu)[202]

O Direito à Vida

Vamos encontrar, com referência ao *direito* à vida, variadas posturas, citando-se Franco Bartolomei[203]:

"Junto ao problema da escolha das células germinais põe-se antes de tudo, do ponto de vista do direito constitucional, a questão se os zigotos humanos (ou *blastulae*), isto é, as células germinais fecundadas no estado pluricelular – nascidas da fecundação extracorpórea, mas não implantadas no útero, possam ser sacrificadas em proveito de outros embriões, ou usados para experimentos e, logo, na ocorrência, também destruídos; ou se tais embriões "excedentes" devem ser eliminados. É tutelado juridicamente o embrião de poucos dias, não implantado no útero?

Certamente, para o ovulo extracorpóreo, fecundado e ainda não implantado e que, portanto, não vem tutelado (na Alemanha pelo STGB, par). trata-se de "vida pré-natal". Mas é, contudo, sempre vida e precisamente vida humana (não animal ou pré-humana). Com a fusão das células germinais estamos diante de um inconfundível sujeito humano que reúne os conceitos de vida e de dignidade".

E conclúi:

"O óvulo fecundado não é coisa, criatura inferior, mas homem, pessoa, *tertium non datur.*

A antecipação da tutela da vida e da dignidade humana a esta primíssima forma da vida humana é imposta pela Constituição (Lufs, Waldstein, Zippelius)".

202 "O Espírito das Leis", Org. Pedro Vieira Mota, Saraiva, São Paulo, 1987, p. 143).
203 "La Dignitá Umana come Concetto e Valore Costituzionale", G. Giappichelli; Torino, 1987, pp. 107-108. Tradução livre.

O direito à liberdade

"Desde logo" – afirmamos[204], "*direito à liberdade* é a expressão que consubstancia algo – um bem da vida – delimitado juridicamente, isto é, a liberdade entrevista pela ótica do Direito e tal como prevista em determinado ordenamento jurídico, as regras jurídicas que seguem os seus contornos e condições.

(...)

Importa ao Direito Constitucional, importa às garantias constitucionalmente previstas, a concepção da liberdade enquanto ação – a possibilidade de agir compreendida como o âmbito da existência humana". E é nesta compreensão da liberdade que se entrecruzam as imensas possibilidades, por sua vez, da realização, ou melhor, do desenvolvimento integral da personalidade humana".

A respeito da liberdade muito se tem escrito e ouvido e às Revoluções libertárias sucederam -se Declarações, no tempo e na História, desde os citados documentos constitucionais ingleses – a *Magna Charta Libertatum*" (1215), o Ato de Habeas Corpus (1688), nos quais ter-se-iam inspirado as Declarações do século XVIII, a Declaração Francesa de 1789, – a Declaração da Independência de 1776, redigida por Jefferson na reunião do Congresso, em Filadélfia".

Na questão *indivíduo e liberdade*, anota Eric Fromm[205]:

"*O direito de manifestar nossos pensamentos, contudo, só tem significado se somos capazes de ter pensamentos próprios*; a emancipação da autoridade externa só é uma aquisição duradoura e as condições psicológicas interiores são reais desde que sejamos capazes de estabelecer nossa própria individualidade".

[204] Maria Garcia, "Desobediência Civil, Direito Fundamental", Revista dos Tribunais, São Paulo, 2º ed, 2004, p. 63, 65. "Meirelles Teixeira também lembra Montesquieu quem adverte sobre não existir vocábulo ao qual se hajam atribuído tantas significações diferentes e como, efetivamente, vamos encontrar grande diversidade de concepções: assim, fala-se em liberdade no sentido *físico* ou no *metafísico*, ou ainda no sentido *psicológico*, e finalmente, na sua acepção *jurídico – politica* – neste aspecto da liberdade no Estado, perante o Estado, perante a lei positiva, igualmente tantas outras concepções e diferentes ideologias".

[205] "O medo à liberdade", Zahar, Rio de Janeiro, 11º edição, 1978, pp. 191-192, 213-214.

Oliveiros S. Ferreira[206] comenta sobre "O medo da liberdade", e sublinha: "A liberdade impõe responsabilidades. Por que assumi-las quando o Estado pode fazer isso por nós, e nós teremos sempre a desculpa de que fizemos ou deixamos de fazer porque a autoridade mandou?" – o que invoca novamente a questão da Modernidade e o pensamento de Charles Taylor[207]:

> "Tais são as três doenças da modernidade (...) A primeira concerne ao que poderíamos chamar uma perda de sentido: o desaparecimento dos horizontes morais. A segunda concerne ao eclipse dos fins, face a uma razão instrumental desenfreada. E a terceira traz a perda da liberdade".

E explicita:

> "Muitos falaram de uma outra perda da liberdade, em particular Alexis de Tocqueville. Numa sociedade formada de indivíduos "fechados na solidão de seu próprio coração", poucas pessoas desejarão participar ativamente da vida política. Preferirão ficar em casa para gozar das satisfações da vida privada, por tanto tempo que o governo do momento assegurará os meios de satisfazê-las e os distribuirá generosamente.
>
> É a porta aberta para um novo e tipicamente moderno despotismo, que Tocqueville chamou despotismo "doce". Não se tratará de uma tirania fundada, como outras vezes, sobre o terror e a opressão. O governo permanecerá doce e paternalista. Manterá, mesmo, as formas de democracia, organizando regularmente eleições. Mas, na realidade, tudo será regido por um "imenso poder tutelar" sobre o qual as pessoas terão pouco controle".[208]

[206] *In* O Estado de S. Paulo de 21-11-1994, p. A5.

[207] "Le Malaise de la modernité", Les Editions du Cerf, Paris, 1994, pp. 18. Tradução livre. "Pode-se pensar que uma sociedade fundada somente sobre a razão instrumental ameaça as liberdades, tanto individuais quanto coletivas – porque não são apenas nossas decisões sociais que ela modela. Será muito difícil manter um estilo de vida individual contra a corrente". (pp. 17-18).

[208] "A única defesa contra esse poder", afirma Tocqueville, "consiste numa cultura política forte que valorize a participação, tanto nos diferentes patamares de governo como nas associações livres". Se isto falhar, "o indivíduo – cidadão encontra-se sozinho face ao grande Estado burocrático diante do qual sente-se, justamente, impotente. O cidadão encontra-se ainda mais desarmado e o círculo vicioso do despotismo doce fecha-se". (p. 17).

O Direito à Igualdade

A.) Nos termos da Constituição de 1824, art. 179:

> "XIII.A Lei será igual para todos, quer proteja, quer castigue, e recompensará em proporção dos merecimentos de cada um".
>
> XIV. Todo o Cidadão pode ser admittido aos Cargos Públicos Civis, Políticos ou Militares, sem outra differença, que não seja a dos seus talentos, e virtudes.
>
> XV. Ninguém será exempto de contribuir para as despesas do Estado em proporção dos seus haveres.
>
> XVI. Ficam abolidos todos os Privilégios, que não forem essenciaes, e inteiramente ligados aos Cargos, por utilidade pública.
>
> XVII. À exceção das causas que por sua natureza pertencem a Juízos particulares, na conformidade das Leis, não haverá, Foro privilegiado, nem Comissões especiais nas causas cíveis, ou crimes".

Na Constituição de 1988, o art. 5º, *caput* estabelece:

> "Todos são iguais perante a lei, sem distinção de qualquer natureza, garantindo-se aos brasileiros e aos estrangeiros residentes no País a inviolabilidade dos direitos à vida, à liberdade, à igualdade, à segurança e à propriedade, nos termos seguintes:
>
> I – homens e mulheres são iguais em direitos e obrigações, nos termos desta Constituição: (...)".

A partir daí, vários dispositivos assegurando direitos "a todos". Contudo, já no art. 7º (direitos dos trabalhadores urbanos e rurais") a Constituição distingue entre "homens e mulheres", estabelecendo entre outras hipóteses:

> "XX – proteção do mercado de trabalho da mulher, mediante incentivos específicos, nos termos da lei;(...)"

B.) Trata-se da aplicação do *princípio da isonomia* que se estende como tal, por todo o texto constitucional e vem comentado por Celso Antônio Bandeira de Mello, em obra basilar, "O conteúdo jurídico do princípio da isonomia"[209], definindo:

[209] Malheiros, São Paulo, 3º ed. 1999, pp.47-48.

"Há ofensa ao preceito constitucional da isonomia quando:

"I – A norma singulariza atual e definitivamente um destinatário determinado, ao invés de abranger uma categoria de pessoas, ou uma pessoa futura e indeterminada.

"II-A norma adotada como critério discriminador, para fins de diferenciação de regimes, elemento não residente nos fatos, situações ou pessoas por tal modo desequiparadas. É o que ocorre quando pretende tomar o fator 'tempo'- que não descansa no objeto – como critério diferencial.

"III – A norma atribui tratamentos jurídicos diferentes em atenção a fator de discrímen adotado que, entretanto não guarda relação de pertinência logica com a disparidade de regimes outorgados.

"IV – A norma supõe relação de pertinência logica existente em abstrato, mas o discrímen estabelecido conduz a efeitos contrapostos ou de qualquer modo dissonantes dos interesses prestigiados constitucionalmente.

"V – A interpretação da norma extrai dela distinções, discrímens, desequiparações que não foram professadamente assumidos por ela de modo claro, ainda que por via implícita".

Seria uma fórmula quase matemática: discrímen / finalidade de norma = constitucionalidade.

Em "Igualdad y discriminación"[210] Miguel Rodriguez – Piñero e Mª Fernanda Fernandez Lopez explicitam.

"A mudança de significado do termo" "discriminação":

A configuração na linguagem comum do termo, "discriminação" no seu significado atual é relativamente recente e é, ademais, reflexo da preocupação e novo enfoque de uma série de fenômenos sociais preexistentes e que não tinham sido objeto praticamente de preocupação até este século. Não são novas as situações discriminatórias, a novidade consiste em considerá-las "discrimatórias" e tratar de reagir frente a elas.

(...)

E aqui, pese a origem latina do termo ("*discriminatio*": separar, dividir, diferenciar) deve-se atender ao mundo anglo-saxão e, em particular, ao contexto norte-americano, para examinar o processo de transformação do significado do termo.

210 Tecnos, Madrid;1986, pp. 84-88. Tradução livre.

> Originariamente no idioma inglês, "to discriminate" e "discrimination". têm duplo significado, um de caráter neutro, no sentido de perceber, notar ou fazer uma distinção ou diferença entre objetos. (...) Têm ademais, um sentido que caberia chamar positivo; equivalente ao termo castelhano "discernimento" ou seja, o poder de fazer observações e diferenciações com agudeza, sutileza e exatidão. (...)
>
> A outra via da evolução do uso jurídico do termo encontra-se na prática judicial norte americana relativa à aplicação da 14ª Emenda à Constituição, aprovada pelo Congresso Norteamericano em 1866. A clausula de "equal protection" contida naquela tratava de proibir nos Estados Unidos da União o que hoje chamaríamos "discriminação racial". Aplicando essa emenda se disse pelo Tribunal Supremo nortemaricano que não podia estabelecer-se nenhuma "discriminação legal (...) contra a raça de cor por causa da cor. Ainda, que logo a funesta doutrina de "separados mas iguais' do assunto Plessy opôs um freio a esta evolução, o certo e que já estavam assentadas as bases para uma consideração "pejorativa" do termo, para traçar a distinção entre dois diferentes sentidos do termo, o neutro e originário (*"discrimination between"*), e o novo e negativo *("discrimination against")* que faz referência a uma distinção prejudicial injusta contra um indivíduo ou grupo em razão de suas características pessoais".

E aqui explica-se a dicção do citado art. 7º, XX da Constituição de 1988 (proteção do trabalho da mulher, mediante incentivos específicos, nos termos da lei), " – com fundamento na desigual condição feminina diante do acesso ao trabalho.

Cidadania, fundamento do Estado

Em outro contexto[211] analisamos a cidadania como a dimensão política do indivíduo e, nesse pensar, adotamos o conceito de Hannah Arendt, como "o direito a ter direitos", conforme explicita Celso Lafer[212]:

> "O que ela afirma é que os direitos humanos pressupõem a cidadania não apenas como um fato e um meio, mas sim como um princípio, pois a privação da cidadania afeta substantivamente a condição humana, uma vez que o ser humano privado de suas qualidades acidentais -o seu estatuto político -vê-se

211 Maria Garcia, "Desobediência Civil, direito fundamental", op. cit., pp. 136 e segs.

212 "A reconstrução dos direitos humanos", Companhia das Letras, São Paulo, 1988, p. 151.

privado de sua substância, vale dizer: tornado pura substância, perde a sua qualidade substancial, que é de ser tratado pelos *outros* como um *semelhante*".

Com efeito, como visto, no art. 1º, II da Constituição, a cidadania figura agora, como *princípio*, irradiando-se, como tal, por todo o ordenamento jurídico. Vale então, indagar: esse princípio estaria presente na Constituição de 1824? Sem dúvida: a mesma Constituição refere nos mencionados artigos 1º e 179, XXX e outros, a expressão *Cidadão Brazileiro*. Assim, no artigo 71:

> "A Constituição reconhece, e garante o direito de intervir todo o Cidadão nos negócios da sua Província, e que são immediatamente relativos a seus interesses peculiares".

E o citado art. 179, XXX autorizando o Cidadão a "expôr qualquer infracção da Constituição", hoje a denominada arguição de inconstitucionalidade, por ação ou omissão.

Esses *direitos da cidadania* teriam cessado por não reiterados nas Constituições subsequentes? Certamente, não. São limitações ao Poder Constituinte. Por outro lado, uma Constituição não revoga outra Constituição: substitui, acresce, modifica, menos o que se integrou à essência da Constituição e ao patrimônio do cidadão.

Já afirmamos, "repetindo Hannah Arendt (em outro contexto)[213] que a cidadania é a *quinta-essência da liberdade*, o ápice das possibilidades do agir individual, o aspecto eminentemente político da liberdade.

Retortillo e Pardo"[214] referem-se a uma "política de direitos fundamentais", de uma *Grundrechts politik*, que se dirige ao legislador e também ao juiz na medida em que este contribui a configurar o direito.

> (...) O direito fundamental da liberdade é multidimensional, é também liberdade na sociedade, somente se realiza desde condições sociais determinadas, afirma-se frente aos grupos, requer uma estrutura. (...) A liberdade pessoal é uma garantia contra detenções, a liberdade de cátedra é garantia frente à censura no ensino, a liberdade de imprensa é garantia frente à cen-

[213] Maria Garcia, op. cit, pp. 136 e segs. "Tanto na Antiguidade Grega como na romana, a liberdade era um conceito exclusivamente político, a quinta-essência, na verdade, da cidade-Estado e da cidadania". ("Entre o passado e o futuro", op. cit., p. 205).

[214] Lorenzo Martin Retortillo, "Derechos fundamentales y Constituciòn", Civitas, Madrid, 1988, pp. 166, 167. Tradução livre.

sura, a inviolabilidade de domicílio é sobretudo garantia frente às ações de autoridades, etc."

E essa liberdade do indivíduo, enquanto membro de uma sociedade política: Estado / Cidadania, Autoridade / Liberdade, representa o binômio da dimensão social, jurídica e política do ser-humano.

Explica Meirelles Teixeira[215]:

> "O conteúdo da condição ou *status* de cidadão consiste, portanto, no *gozo de direitos políticos*. Mas que são "direitos políticos"? São aqueles direitos que competem ao indivíduo, na qualidade de *cidadão*, isto é, como parte do elemento pessoal do Estado".

Hauriou[216] distingue e relaciona liberdade política e liberdades individuais: têm raízes comuns e desenvolvimento paralelo, aproximam-se e garantem-se mutuamente: "a liberdade política é o direito dos cidadãos de participar do governo do Estado e determinar os governantes".

Para José Celso de Mello Filho[217] os direitos políticos são direitos públicos subjetivos que investem a pessoa no *status activae civictatis*, permitindo-lhe o exercício concreto da liberdade-participação. A *cidadania*, portanto, identidade política do ser humano, figura entre os fundamentos do Estado, como visto, conforme o citado art. 1º. II da Constituição Federal.

Dalmo de Abreu Dallari[218] "expressando a síntese da liberdade individual e da igualdade de todos" expressa: "Através do conceito de cidadania afirmam-se os direitos fundamentais da pessoa humana, na perspectiva da convivência, que é necessidade essencial de todos os seres humanos. Assim, conjugando-se os aspectos individual e social, acentua-se também o dever de participação, inerente à cidadania".

Então, pode-se reafirmar: a impossibilidade da repetição do mesmo fenômeno histórico e cultural da fundação, a cada momento de uma nova Constituição, existindo um *continuum* nas gerações dos povos, uma tradição que, na essência, carrega em si e transmite ideias, signos, arquétipos, instituições, não obstante as mudanças e transformações próprias da dinâ-

[215] J. H. Meirelles Teixeira, "Curso de Direito Constitucional", op. cit., pp. 565-567.

[216] André Hauriou, "Droit Constitutionnel et Institutions Politiques", op. cit. pp. 189-192. Tradução livre.

[217] "Constituição Federal Anotada", Saraiva, São Paulo, 1984, p. 307.

[218] "Direitos Humanos e Cidadania", Moderna, São Paulo, 2004, pp. 17, 22.

mica social. O que persiste e permanece, é um *único pacto fundador* daquela nação, daquele povo, projetando-se pelo tempo histórico e humano, com a sua carga jurídico – política.

Assim, os *direitos fundamentais* estatuídos na Constituição original e nas sucessivas Constituições, *integrados ao patrimônio de seus destinatários* então e sempre, por força constitucional, tornam-se cláusulas pétreas[219], indevassáveis às reformas constitucionais e imunes às novas Constituições, por isso que *fundamento, origem, finalidade, razão de ser.*

Tudo o que diga respeito, vinculadamente, *à vida, à liberdade e à igualdade*, necessários ao ser – humano, como razão de existir.

Eis a Constituição Canônica.

[219] Na Constituição de 1988, o § 4º do art. 60: "Não será objeto de deliberação a proposta de emenda tendente a abolir: (...) IV – os direitos e garantias individuais;"

REFERÊNCIAS

Abbagnano, Nicola – "Dicionário de Filosofia", Martins Fontes, São Paulo, 1988

Alexy, Robert –"Direitos Fundamentais no Estado Constitucional Democrático. Para a relação entre direitos do homem, direitos fundamentais, democracia e jurisdição constitucional", *in* Revista de Direito Administrativo, Renovar, Rio de Janeiro, n. 217/1999

Amancio, Moacir – "Estudo iluminado sobre o humano", O Estado de S. Paulo, 2013

Apthecker, Herbert – "A revolução americana, Civilização Brasileira, São Paulo, 1969

Arendt, Hannah – "Sobre a revolução", Companhia das Letras, São Paulo, 2011

Ataliba, Geraldo –"República e Constituição", Revista dos Tribunais, São Paulo

Barba, Gregorio Peces –"Los valores superiores", Tecnos, Madrid, s/data

Barroso, Luiz Roberto – "Curso de Direito Constitucional Contemporâneo", Saraiva, São Paulo, 2011

Bartolomei, Franco –"La Dignitá Umana come Concetto e Valore Costituzionale", G. Giappichelli; Torino, 1987

Bastos, Celso – "Curso de Direito Constitucional", Saraiva, São Paulo, 1986

Berman, Marshall –"Tudo que é sólido desmancha no ar. A aventura da modernidade". Companhia das Letras, São Paulo, Prefácio/Introdução

Bertalanffy, Ludwig Von –"Teoria Geral dos Sistemas", Vozes, 1975

Bloom, Harold –"O Cânone Ocidental", Objetiva, Rio de Janeiro, 1995

Bobbio, Norberto, "A Era dos Direitos", Campus, São Paulo, 2004

Bobbio, Norberto, N. Mateucci e Gianfranco Pasquino, "Dicionário de Política", Brasília, 1986

Brooks, Cleanth – "Em defesa do Cânon, Lidador, Rio de Janeiro, 1992

Braudel, Fernand – "Gramática das Civilizações "Teorema, Lisboa, 1989

Bucci, Maria Paula Dallari, -"A atualidade dos conceitos jurídicos de Estado e Nação", *in* Revista da Procuradoria Geral do Município de Santos, n. 2/2005

Burckhardt, Jacob –"A Cultura do Renascimento na Itália", Companhia das Letras, São Paulo, 1991

Canotilho, J. J. Gomes – "Direito Constitucional e Teoria da Constituição", Almedina, Coimbra, 2ª edição, 1998

Cassirer, Ernest, – "O mito do Estado", Zahar, Rio de Janeiro, 1976

Chevallier, J. J. – "As grandes obras políticas, de Maquiavel aos nossos dias", Agir, São Paulo, 1973

Costa, Alexandre –"Heráclito. Fragmentos Contextualizados", Difel, 2002

Dallari, Dalmo de Abreu –"Elementos de Teoria Geral do Estado", Saraiva, São Paulo, 2012

Descartes, René – "Discurso sobre o método", Forense, Rio de Janeiro, 1968

Diniz, Maria Helena, Georgakilas, Ritinha A. S. – "A Constituição de 1988", São Paulo, 1989

Doehring, Karl, – "Teoria do Estado", Del Rey, Belo Horizonte, 2008

Enterría, Eduardo Garcia de – "La Constitución como norma y el Tribunal Constitucional", Civitas, Madrid, 1991

Ferraz Jr., Tércio Sampaio –"Dos direitos humanos: reconhecidos, mas positivados", *in* "Direito Constitucional", Manole, São Paulo, 2007

Filho, José Celso de Mello –"Constituição Federal Anotada", Saraiva, São Paulo, 1984

Fromm, Erich –"O medo à liberdade", Zahar, Rio de Janeiro, 11º edição, 1978

Fromm, Erich –"Marx y su concepto del hombre", "Manuscritos econômico – filosóficos. Karl Marx", Fondo de Cultura Económica, México, 2.000

Fry, Karin A. – "Compreender H. Arendt", Vozes, Petrópolis, 2010

Garcia, Maria – "A Constituição Política de 1824: a instituição do Brasil. As metamorfoses do Estado e a Constituição permanente: o pacto fundacional", RDCI n. 56/2006

Garcia, Maria – "Desobediência Civil, direito fundamental", Revista dos Tribunais, São Paulo, 2004

Garcia, Maria – "Juspositivismo do século XXI: a norma como valor", RDCI n. 60/2007

Garcia, Maria – "Mas, quais são os direitos fundamentais?", Revista de Direito Constitucional e Internacional – RDCI n. 39/2002

Garcia, Maria – "Os poderes do mandato e o *recall*", RDCI n. 50/2005

Hesse, Konrad – "Escritos de Derecho Constitucional", Centro de Estudios Constitucionales, Madrid, 1983

Horta, Raul Machado –"Cadernos de Direito Constitucional e Ciência Política", Ed. Revista dos Tribunais, São Paulo, 1992

Jaeger, Werner –"Alabanza de la ley", Centro de Estúdios Constitucionales, Madrid,1982

Kelsen, Hans – "El actual pensamiento jurídico norteamericano", Losada, Buenos Aires, 1951

Kelsen, Hans –"Escritos sobre la Democracia y el Socialismo", Ed. Debate, Madrid, 1988

Kuhn, Thomas S. – "A estrutura das revoluções científicas", Perspectiva, 4ª edição, São Paulo, 1996

Lafer, Celso – "Hobbes, o Direito e o Estado Moderno", AASP – Associação dos Advogados de São Paulo, 1979

Lafer, Celso –"Comércio, desarmamento, direitos humanos. Reflexões sobre uma experiência diplomática". Paz e Terra, São Paulo, 1999

Laporta, Francisco J. – "Filosofia del Derecho y norma constitucional: una aproximación preliminar", *in* "Constitución: problemas filosóficos", Madrid, Centro de Estúdios Constitucionales, 2003

Lassalle, Ferdinand –"A Essência da Constituição", Liber Juris, Rio de Janeiro, 1985

Loewenstein, Karl – "Teoria la Constitución", Ariel, Barcelona, 1986

Malberg, R. Carré –"Teoria General del Estado", México, Fondo de Cultura Económica, 2001

Meirelles, Cecilia –"O Romanceiro da Inconfidência", Romance XXIV

Mello, Celso Antônio Bandeira de –"O conteúdo jurídico do princípio da isonomia", Malheiros, São Paulo, 3º ed. 1999

Mercier, Antonio Sergio P. –"Constituição Federal Interpretada", Manole, São Paulo, 2012

Merlo, Maurizio –"Poder natural, propriedade e poder político em John Locke", *in* "O Poder. História da Filosofia Política Moderna", Vozes, Petrópolis, 2005

Mirandola, Pico Della –"Discurso sobre a Dignidade do Homem", Edições 70, Lisboa, 1989

Mizukami, Pedro N. – "O Conceito de Constituição no Pensamento de John Rawls", Thomson/IOB, 2005

Montesquieu –"O Espírito das Leis", Org. Pedro Vieira Mota, Saraiva, São Paulo, 1987

Müller, Friedrich "– "Quem é o Povo?", São Paulo, Max Limonad, 2000

Neto, Jose Guida –"Ulpiano e o estoicismo no Direito Romano do Principado", Tese PUC/SP, aprovada em 2012

Oliveira, Franklin de –"As Leis não – escritas" *in* Folha de S. Paulo, 1976

Ost, François – "El tempo del derecho", Siglo, Buenos Aires, 2005

Pelloux, Robert – "*Le citoyen devant l'Etat*", Paris: Presses Universitaires, 1972

Piñero, Miguel Rodriguez, e Lopez, Mª Fernanda –" Igualdad y discriminación" Tecnos, Madrid;1986

Pinheiro, Ralph Lopes –"História resumida do Direito", Ed. Rio, Rio de Janeiro, 1983

Protágoras –"Grande Enciclopédia Larousse, Nova Cultural, Rio de Janeiro, 1998

Rawls, John – "Uma Teoria da Justiça", Presença, Lisboa, 1993

Reale, Miguel – "Direito Natural/Direito Positivo", Saraiva, São Paulo, 1984

Reale, Miguel –"Nova fase do Direito Moderno, São Paulo, Saraiva, 1990

Retortillo, Lorenzo MArtín e Pardo, Ignácio de Otto y –"Derechos fundamentales y Constituciòn", Civitas, Madrid, 1988,

Ribeiro, Renato Janine –"Ao leitor sem medo", Brasiliense, São Paulo, 1984

Sáchica, Luís Carlos –"Esquema para una Teoria del Poder Constituyente", Bogotá / Colômbia, Temis, 1985

Saldanha, Nelson –"A Formação da Teoria Constitucional", Forense, Rio de Janeiro, 1983

Salgado, Gisele M. –"Contrato como transferência de direitos em Thomas Hobbes", Juruá, Curitiba, 2008

Schuler, Donaldo – "Heráclito e seu (dis) curso", L&PM, Porto Alegre – RS, 2004

Schüler, Fernando – "Rawls em tempo de barricadas", *in* Folha de S. Paulo, 11-2-2021

Siches, Recaséns –"El Poder Constituyente", Madrid, Javier Morata,1931

Silva, José Afonso da –"Curso de Direito Constitucional Positivo", Malheiros, São Paulo, 26ª

Soustelle, Jacques – "Los cuatro soles. Origen y ocaso de las culturas", Guadarrama, Madrid, 1969

Stein, Edith –"De l.' État", Les Editions du Cerf, Fribourg, 1989

Taylor, Charles –"Le malaise de la modernité", Les Editions du Cerf, Paris, 1994

Teixeira, Francisco M. P. –"História concisa do Brasil", Global, São Paulo, 1993

Teixeira, José Horácio Meirelles –"Curso de Direito Constitucional", Conceito, São Paulo, 2011

Trindade, Antonio Augusto Cançado –"Memorial em prol de uma nova mentalidade quanto à proteção dos direitos humanos nos planos internacional e nacional", *in* "Os direitos e o Direito Internacional", Orgs. Carlos Eduardo de Abreu Boucault/Nadia de Araujo, Renovar, 1999

Venosa, Roberto – "Participação e participações. Ensaios sobre auto-gestão", São Paulo, Babel Cultural, s/data

Whitrow, J. G. – "O que é tempo?", Zahar, Rio de Janeiro, 2005

Zagrebelsky, Gustavo –"História y Constituciòn", Mínima Trotta, Madrid, 2005